SOJA SANTÉ

Cuisiner avec le soja

SOJA SANTÉ

Cuisiner avec le soja

BRIGID TRELOAR

Nutritionniste : Karen Inge

Traduit de l'anglais par La Mère Michel

Guy Saint-Jean
ÉDITEUR

Sommaire

Avant-propos

Le soja constitue une part importante du régime alimentaire de l'Asie depuis des temps immémoriaux. Les Asiatiques lui donnent souvent le nom de « viande des champs » ou « viande sans os » du fait qu'il fournit plus de protéines que toute autre légumineuse. Si on peut en consommer les fèves entières, fraîches ou séchées, on peut aussi, avec les fèves fermentées, fabriquer du miso, du tempeh et de la sauce soja, tous aliments utilisés pour relever et rendre plus savoureux nombre de plats salés ou sucrés. On peut aussi les faire tremper, les réduire en purée et les chauffer pour en faire du lait (de soja) et du yuba (feuilles de caillé), les faire cailler pour en faire du tofu ou de l'huile, de la farine et des nouilles. Tous les aliments à base de soja sont, sous leurs diverses formes, très polyvalents et s'adaptent bien à nombre d'aliments et de saveurs.

On croit que le soja est originaire des zones tempérées et tropicales de l'Afrique et de l'Asie. Les Chinois le cultivent depuis des millénaires. La plante fut introduite au Japon à partir de la Corée il y a plus de deux mille ans, mais elle ne fut introduite en Europe qu'au XVIIe siècle et au XIXe siècle en Amérique. On en tire un grand nombre de produits riches en protéines et faibles en gras (comme le tofu) que les Chinois utilisent en lieu et place des produits laitiers. Aujourd'hui, la gamme des produits du soja disponibles en Occident continue de s'étendre et comprend du fromage, du yogourt, du beurre, des amuse-gueule, des desserts, de la crème glacée, des pâtes et du chocolat.

Le soja constitue un des aliments naturels les plus riches du monde : il contient des protéines végétales facilement assimilables faibles en gras et sans cholestérol. Il fournit également un grand nombre de vitamines et de sels minéraux. Certains des produits dérivés, tel le miso, facilitent la digestion et l'absorption des éléments nutritifs. Qui plus est, la plupart des aliments à base de soja sont économiques.

Malheureusement, en dépit des nombreux bénéfices qu'on peut en tirer, plusieurs considèrent encore le soja comme un aliment insipide et ennuyeux. Pourtant, il ne suffit que d'un peu d'imagination culinaire pour apprendre à utiliser cet aliment précieux dans sa diète quotidienne et en tirer des plats savoureux aux saveurs variées. Le potentiel culinaire du soja est pour ainsi dire infini.

Les bénéfices du soja pour la santé

D'un point de vue nutritif, le soja est une légumineuse unique qui, à mesure qu'on en découvre les bénéfices pour la nutrition et la santé, gagne en popularité en Occident. En Asie, là où ils constituent souvent la base de l'alimentation traditionnelle, les aliments obtenus à partir du soja sont populaires depuis des siècles. Plusieurs recherches actuelles consacrées aux bénéfices de cette plante sur la santé proviennent du fait que les populations asiatiques ont, comparativement à celles de l'Occident, des taux beaucoup plus faibles de maladies cardiaques, de cancer et de problèmes associés à la ménopause.

Depuis, la plante a commencé à gagner en popularité, avec des ventes annuelles, aux États-Unis seulement, de deux milliards de dollars. Ce chiffre est sans aucun doute dû au fait que le Food and Drug Administration (équivalent de notre ministère de la Santé) permet d'indiquer sur les étiquettes que la protéine de soja joue un rôle important dans la réduction des maladies cardiaques.

Le cœur

Les maladies cardiaques constituent un problème de santé majeur parce qu'elles causent, en Occident, plus de morts que toute autre maladie. Du fait qu'une consommation élevée des produits du soja est associée à une faible fréquence et à un risque réduit de souffrir de maladies cardiaques, les aliments à base de cette légumineuse peuvent constituer une part importante d'une diète favorable à la santé du cœur. Des recherches ont démontré que sa consommation régulière peut réduire de 10% les risques de maladies cardiaques chez les gens qui sont à faible risque et de 40% chez ceux qui sont à risque élevé.

La protéine du soja serait responsable de ces bénéfices pour la santé. En effet, des études indiquent que cette protéine réduit la faible densité des lipoprotéines responsables du « mauvais » cholestérol, celui qui s'accumule dans les artères en les rétrécissant et en y réduisant par conséquent la circulation sanguine. La liste suivante donne le contenu en protéines de certains des aliments dérivés du soja :

125 g (4 oz) de tofu ferme	20 g de protéines
125 g (4 oz) de tofu mou ou velouté	9 g de protéines
1 hamburger de soja	10-12 g de protéines
250 ml (1 tasse) de breuvage au soja nature	7 g de protéines
1 barre de protéines de soja	14 g de protéines
100 g ($^1/_2$ tasse) de fèves de soja cuites	18 g de protéines
80 g ($^1/_2$ tasse) de tempeh	19 g de protéines
50 g ($^1/_2$ tasse) de fèves de soja rôties (noix)	19 g de protéines

Outre les protéines, les produits du soja contiennent des fibres solubles et des gras non saturés (insaturés) qui aident aussi à la prévention des maladies cardiaques.

Le cancer

On croit que les phyto-œstrogènes (en particulier les isoflavones) jouent un rôle important dans la réduction des risques du cancer, surtout ceux du sein, du côlon et de la prostate. Les populations qui vivent en Asie souffrent généralement moins de ces maladies. En fait, les Japonaises ont quatre à cinq fois moins de risques que les Occidentales de souffrir un jour d'un cancer du sein.

Même si les études menées sur les animaux sont porteuses de promesses, celles menées sur les humains restent à ce jour peu concluantes.

La ménopause

Des études récentes ont provoqué un grand intérêt quant aux relations qui existent entre les produits du soja et la ménopause. Les femmes asiatiques, qui consomment plus de ces produits, souffrent moins que les Occidentales des symptômes négatifs de la ménopause (comme les bouffées de chaleur).

Les premières études publiées indiquaient que des phyto-œstrogènes pouvaient avoir certains effets sur les femmes ménopausées ; toutefois, les recherches subséquentes n'ont pu étayer cette donnée. C'est pourquoi il serait prématuré de recommander les produits du soja dans le traitement des symptômes de la ménopause, même s'il y a peu de risque à le faire.

L'ostéoporose

Plusieurs facteurs contribuent au risque de souffrir un jour d'ostéoporose. Par exemple des facteurs génétiques, un déséquilibre hormonal, une mauvaise diète et le manque d'exercice physique.

Le calcium protège contre l'ostéoporose, et c'est pourquoi en choisissant des produits du soja enrichi de calcium — comme le lait de soja et le tofu — on peut obtenir la quantité de calcium requise pour réduire le risque de souffrir un jour d'ostéoporose. Par contre, les recherches sur les effets de la protéine du soja sur la perte osseuse restent encore peu concluantes.

Le contrôle du poids

À cause à leur faible teneur en calories et de leur teneur en fibres élevée, les produits du soja comme les fèves, le tofu, le tempeh et les breuvages au soja faibles en gras peuvent faire partie d'une diète équilibrée et propice au contrôle du poids.

Les allergies

Certaines personnes souffrent d'allergies ou d'intolérances à certains aliments. Il est de la plus grande importance de trouver dans d'autres aliments les éléments nutritifs manquants. Souvent, les gens peuvent obtenir les mêmes éléments nutritifs en consommant des produits du soja.

L'intolérance au lactose

Plusieurs personnes digèrent difficilement le lactose, principal type de sucre contenu dans les produits laitiers comme le lait (humain ou animal — vache, chèvre, brebis), le yogourt, certains fromages et la crème glacée. De tous les produits laitiers, le lait est le plus riche en lactose.

L'incapacité de digérer le lactose a de nombreuses conséquences sur la santé. Alors que l'intolérance au lactose peut provoquer la diarrhée, la déshydratation et même, si l'on n'y voit pas, la malnutrition, les gens qui consomment peu ou pas de lactose peuvent manquer de calcium et donc risquent de souffrir d'ostéoporose.

Il faut éviter à tout prix le lait (humain ou animal — vache, chèvre, brebis), le yogourt (sans cultures bactériennes vivantes), le babeurre, la crème glacée, le fromage à la crème, le chocolat au lait, les breuvages à base de lait et enfin les produits contenant du lait, des solides du lait, du petit lait ou du lactose.

Les produits du soja peuvent être une merveilleuse alternative à ces aliments. Le lait peut être remplacé par un breuvage au soja enrichi de calcium. Il faut toujours vérifier les étiquettes avant de les acheter.

Les valeurs nutrionnelles du soya

Les fèves sont riches en protéines de qualité et en fibres, faibles en gras non saturés (insaturés) et ne contiennent pas de cholestérol. Elles fournissent aussi à l'organisme des gras essentiels, des vitamines et des sels minéraux. Elles constituent la source la plus riche connue des antioxydants appelés phyto-œstrogènes.

Les protéines

Les protéines sont composées d'acides aminés dont on pourrait dire qu'ils sont les « blocs de construction » du corps. La croissance et le développement de ce dernier dépendent de la présence des protéines. La réparation et l'entretien de tous les tissus du corps exigent aussi des protéines.

De façon générale, on recommande une dose quotidienne de protéines de 0,80 g par kilo de poids corporel pour les adultes, ce qui équivaut à 60 g pour un homme pesant 75 kg/165 lb, et 52 g pour une femme de 65 kg/143 lb. Les enfants, les adolescents et les gens très actifs peuvent avoir besoin quotidiennement de jusqu'à 2 g de protéines par kilo de poids corporel pour remplir les besoins spécifiques liés à leur croissance ou à un exercice physique quotidien épuisant.

Les aliments d'origine animale comme les viandes maigres, les volailles, les poissons, les œufs et les produits laitiers sont riches en protéines de grande qualité et fournissent ainsi au corps tous les acides aminés qu'il ne peut synthétiser lui-même. Les aliments d'origine végétale sont dépourvus d'un de ces acides aminés essentiels et c'est pourquoi on les appelle des aliments protéiques incomplets. Le soja constitue la seule exception à cette règle et fournit toute la chaîne des acides aminés essentiels. Il représente donc une excellente alternative à la viande.

Non seulement les fèves contiennent-elles la gamme des acides aminés qu'on ne trouve autrement que dans les aliments d'origine animale, mais elles sont aussi très riches en protéines. Une tasse (220 g) de fèves cuites fournit 30-37 grammes de protéines, ce qui correspond à environ 50% de la dose quotidienne requise par une femme adulte moyenne. Comparativement, les autres légumineuses, comme les haricots rouges, les fèves de Lima et les lentilles ne contiennent que la moitié de ces protéines. De plus, la protéine de soja réduit le taux de « mauvais » cholestérol.

Toutefois, si les fèves, les breuvages, le tofu et la farine sont riches en protéines, il est important de se rappeler que la sauce soja et l'huile n'en contiennent pas.

Les phyto-œstrogènes
Les phyto-œstrogènes (hormones végétales) sont des composés naturels qui ont une structure similaire à celle des œstrogènes humains mais ont moins d'effets sur le corps que ces derniers. Ce sont les isoflavones (un des groupes de phyto-œstrogène) que l'on trouve en plus grand nombre dans les fèves. Les deux types d'isoflavones présents sont la génistéine et la daidzéine.

On croit que les phyto-œstrogènes jouent un rôle dans la réduction du risque de cancer, surtout ceux du sein, du côlon et de la prostate. Cette croyance est due au fait que le taux de ces maladies est bas chez les populations asiatiques qui consomment régulièrement des fèves de soja.

Même si on peut se procurer des suppléments de phyto-œstrogènes, on les déconseille comme alternative aux produits du soja parce qu'on ignore encore s'ils sont sécuritaires ou pas. En outre, il est de loin préférable d'obtenir tous les bénéfices nutritionnels des produits du soja — comprenant les fibres, les vitamines et les sels minéraux — plutôt qu'une dose de phyto-œstrogènes concentrée dans une pilule.

Les gras (lipides)
Les bénéfices d'une diète faible en gras sont bien connus. Une diète trop riche en gras contribue à l'obésité et une diète riche en gras saturés peut provoquer des maladies cardiaques, certains types de cancer, le diabète et d'autres maladies. Toutefois, il a été aussi établi que certains corps gras sont essentiels pour fournir au corps les vitamines solubles dans les gras et les acides gras essentiels, tous deux bénéfiques pour la santé. Deux types de gras doivent se retrouver dans la diète, soit les oméga-3, qui fournissent l'acide linolénique, et les oméga-6, qui fournissent l'acide linoléique.

On trouve des gras oméga-3 dans les poissons (et les huiles de poisson) et les fèves de soja. Ceux-ci sont essentiels à la santé du cœur (ils aident à prévenir l'athérosclérose et la thrombose), et on croit qu'ils jouent un rôle important dans la lutte contre le cancer et des problèmes inflammatoires comme l'arthrite rhumatoïde et certains problèmes du système digestif, dans le renforcement du système immunitaire et dans le développement du cerveau. Les gras oméga-6 se retrouvent dans les huiles végétales (y compris celle de soja), les céréales, les noix, les graines et le germe de blé. Les oméga-6 aident à régulariser la pression sanguine et à prévenir la formation des caillots et sont essentiels à la santé des membranes des cellules.

Les gras oméga-3 et oméga-6 sont polyinsaturés. Alliés aux gras monoinsaturés, ils devraient constituer la majorité des gras consommés, en gardant toujours une consommation minimale de gras saturés. Tandis que les gras saturés ont un effet négatif sur le taux de cholestérol, les gras insaturés ont un effet soit positif soit neutre.

Les fèves de soja cuites contiennent 17-20 grammes de gras par tasse (220 g). Même si c'est plus que pour toute autre légumineuse, cette quantité est égale à celle trouvée dans la viande rouge maigre. Tandis que le gras de la viande est saturé, celui contenu dans les fèves est surtout non saturé (insaturé) en plus de contenir les gras essentiels oméga-3 et oméga-6.

Le calcium

Le calcium est essentiel à la croissance et au renforcement des os. Il joue aussi un grand rôle dans le fonctionnement nerveux et musculaire. La dose quotidienne recommandée est d'environ 800 mg. Les femmes enceintes, celles qui allaitent ou qui sont ménopausées doivent en consommer davantage, de même que les enfants et les adolescents.

Les produits laitiers constituent la meilleure source de calcium. Par comparaison, les fèves de soja cuites en sont une source modérée, en fournissant 167-224 mg par tasse (220 g). Si on s'en sert pour faire un breuvage, cette dose tombe à 10-32 mg de calcium par tasse (250 ml). Toutefois, plusieurs breuvages au soja vendus aujourd'hui sur le marché sont enrichis, ce qui porte leur teneur en calcium à 290-300 mg par tasse (le lait entier en contient 294 mg par tasse). Les breuvages enrichis de calcium constituent donc une excellente alternative au lait, surtout pour les végétaliens et les gens souffrant d'intolérance au lactose.

Les fibres solubles

Les fibres remplissent de nombreuses et importantes fonctions, en particulier celles de garder le système digestif et les intestins en santé et de contrôler le taux de cholestérol et le poids. On recommande généralement une consommation quotidienne de 25 à 30 grammes de fibres.

Le soja constitue une très bonne source de fibres. Une tasse (220 g) de fèves de soja cuites en fournit 13 g, soit plus du tiers de la dose quotidienne requise. La plupart des fibres présentes dans les légumineuses (soja compris) sont solubles. Ce type de fibres ralentit la digestion, ce qui maximise l'absorption des éléments nutritifs et aide à régulariser le taux de glucose dans le sang et le sentiment de satiété. Les fibres solubles aident aussi à réduire le taux de cholestérol.

Les vitamines et les sels minéraux

En plus des protéines, des fibres, des phyto-œstrogènes et des gras essentiels le soja renferme aussi des vitamines et des sels minéraux. Les fèves fournissent davantage des éléments nutritifs suivants que toute autre légumineuse :
- le fer, qui aide à prévenir la fatigue
- le zinc, qui renforce le système immunitaire, la croissance et le développement
- les vitamines du groupe B, utiles à la production de l'énergie
- le magnésium, qui joue un grand rôle dans la contraction musculaire et la libération de l'énergie.

Alors que les germes de soja sont une excellente source de vitamine C, le tempeh, obtenu à partir de fèves fermentées, fournit aussi de la vitamine B_{12}.

Le corps n'absorbe pas aussi facilement le fer contenu dans les plantes que celui d'origine animale mais l'absorption peut être facilitée en consommant des aliments riches en vitamine C de pair avec le soja. Quant au zinc, son absorption peut être facilitée en combinant le soja avec les protéines d'origine animale présentes dans les produits laitiers, les œufs et les viandes.

L'énergie

Le corps a besoin d'énergie pour fonctionner, mais en consommant plus de calories (kilojoules) que celles dont nous avons besoin, nous gagnons du poids.

Les fèves de soja sont un aliment relativement pauvre en énergie. Cuites, elles ne fournissent que 283-381 calories (1186-1593 kj) par tasse (220 g). Le tofu est lui aussi énergétiquement pauvre : 30 g (1 once) de tofu ne fournit que 23-44 calories (187 kj) — soit 62% moins que la quantité équivalente de viande. C'est pourquoi les aliments à base de soja sont tout indiqués pour contrôler son poids.

Les hydrates de carbone

Les hydrates de carbone sont les macronutriments qui fournissent de l'énergie aux muscles et au cerveau. Comme les viandes, le soja est assez pauvre en hydrates de carbone; toutefois, on peut, en combinant les fèves ou d'autres produits avec du riz, des nouilles, du couscous ou des pommes de terre, obtenir un repas bien équilibré et riche en hydrates de carbone.

L'indice glycémique d'un aliment indique les effets de ce dernier sur le taux de glucose du sang. Les aliments à indice glycémique bas donnent une élévation faible mais continue du taux de glucose. Ces aliments jouent un grand rôle dans le contrôle du taux de glucose du sang des diabétiques. Et parce qu'on éprouve un fort sentiment de satiété après les avoir mangés, ils contribuent donc au contrôle du poids. Parmi ces aliments, les fèves de soja constituent un choix excellent car elles ont un indice glycémique très faible.

Les quantités à consommer

Les aliments à base de soja peuvent remplacer les viandes et les produits laitiers (les produits de soja enrichis peuvent remplacer le lait, le fromage et le yogourt).

Les légumes et légumineuses

On doit consommer quotidiennement cinq portions de ces produits. Une demi-tasse (105 g) de fèves de soja cuites équivaut à une portion de légumes.

Le lait, le fromage et le yogourt

On doit consommer quotidiennement deux portions au moins de ces produits. Une portion de lait équivaut à 250 ml (1 tasse) de lait de soja enrichi de calcium; une portion de fromage équivaut à 45 g (1 1/2 oz) de fromage de soja enrichi de calcium; une portion de yogourt équivaut à 220-250 g (7-8 oz) de yogourt de soja enrichi de calcium.

Les viandes, poissons, volailles, œufs, noix, légumineuses

On doit consommer quotidiennement une portion de ces produits. Une portion de légumineuses équivaut à 1/2 tasse (105 g) de fèves de soja cuites.

Depuis les années 1990, les produits du soja ont pris une place prépondérante sur les marchés occidentaux. Cette avancée a été provoquée par la publication de recherches démontrant que les produits du soja sont encore plus bénéfiques pour la santé qu'on ne l'avait d'abord cru.

Certaines personnes ne savent pas trop comment utiliser, préparer et consommer les aliments à base de soja mais ce problème peut être facilement résolu grâce à la gamme étendue des produits offerts. Ils sont parfois loin du produit d'origine — la simple fève — mais ils facilitent la préparation de plats sains et délicieux.

En sachant inclure les produits du soja dans votre diète, vous serez en confiance car vous saurez qu'ils sont une excellente source d'éléments nutritifs dont votre corps a besoin. Vous n'aurez pas à remplacer vos aliments préférés par ces produits, il s'agit plutôt de les compléter avec le soja.

Tableau des valeurs nutritionnelles

Le tableau ci-contre indique les valeurs nutritionnelles pour quelques produits. Dans les zones vert foncé sont inscrits différents produits de soja et dans les zones vert pâle, on retrouve leurs substituts d'usage courant (non de soja).

Valeurs nutritionnelles

Produit	Quantité	Calories	Protéines (g)	Matières grasses (g)	Glucides (g)	Fibres (g)
Fèves de soja, bouillies	100 g (3 1/3 oz)	173	18	9	9,9	5,9
Lentilles, bouillies	100 g (3 1/3 oz)	81	5,9	0,4	13	3
Farine de soja non dégraissée	100 g (3 1/3 oz)	436	34,5	20,6	35,2	0
Farine de blé entier	100 g (3 1/3 oz)	339	13,7	1,9	72,6	12,6
Farine de soja dégraissée	100 g (3 1/3 oz)	329	47	1,2	38,4	0
Farine blanche enrichie	100 g (3 1/3 oz)	364	10,3	1	76,3	3,1
Lait de soja	250 ml (1 tasse)	84	7	4,8	4,6	0
Lait de vache (2 % m.g.)	250 ml (1 tasse)	127	8,6	5	12,4	0
Tofu ferme	100 g (3 1/3 oz)	146	16	8,6	4,3	0,1
Bœuf	100 g (3 1/3 oz)	164-414	6-35	3,5-35	0	0
Tempeh	100 g (3 1/3 oz)	199	23	7,7	17	3
Œuf	50 g (2 œufs)	150	12,6	10	1,2	0
Miso	15 g (1 c. à soupe)	31	1,8	1	4,2	0,3
Bouillon de bœuf	250 ml (1 tasse)	17,6	2,6	0,9	0	0
Tofu mou	100 g (3 1/3 oz)	56	7,2	3,4	1,5	0
Yogourt nature (1,5 % m.g.)	100 g (3 1/3 oz)	58	3,9	1,5	7	0

Fèves de soja

Fèves de soja vertes, fraîches ou surgelées

Les fèves de soja vertes, qui sont récoltées alors qu'elles ne sont pas encore parvenues à maturité et qui sont connues par les Japonais sous le nom d'*edamame*, ne sont vendues fraîches qu'occasionnellement. On peut en trouver des surgelées, soit entières ou écossées, dans les épiceries orientales. Cuites 5-10 minutes dans de l'eau bouillante légèrement salée, elles se mangent telles quelles, comme plat d'accompagnement, dans les soupes ou avec les pâtes.

Fèves de soja séchées

Les fèves de soja séchées sont facilement disponibles dans les supermarchés et les magasins d'aliments naturels. Il en existe plusieurs variétés mais on trouve surtout les jaunes et les noires. Les temps de trempage et de cuisson dépendent beaucoup de l'âge des fèves mais elles exigent toujours une longue cuisson de manière à détruire la trypsine qu'elles contiennent et qui empêche le corps d'absorber les protéines du soja. La texture riche et crémeuse et la saveur des fèves de soja cuites ressemblent à celles des châtaignes. On peut les savourer très simplement, avec quelques gouttes de sauce soja et quelques oignons verts hachés ou mélangés à de l'huile de sésame et de l'ail. Les fèves de soja noires sont disponibles en sacs, en emballages sous vide ou salées (en boîtes). Il faut bien rincer ces dernières avant de s'en servir.

Comment acheter et préparer les fèves de soja séchées

Sélection et entreposage Si les fèves ont été bien séchées et entreposées, leur peau est entière, lisse et brillante. On doit toujours les garder dans des contenants hermétiques.

Préparation Trier les fèves en éliminant celles qui sont décolorées et tout corps étranger. Rincer ensuite sous l'eau froide. Une tasse (220 g) donne environ 2 $\frac{1}{2}$ tasses (550 g) de fèves cuites. Une boîte de 10 oz (300 g) de fèves équivaut à $\frac{1}{2}$ tasse (100 g) de fèves séchées, trempées et cuites.

Trempage Le trempage des fèves réduit le temps de cuisson et assure une cuisson égale tout en améliorant la digestibilité. Placer les fèves dans un grand bol et les couvrir d'eau légèrement salée (le sel permet de garder les peaux intactes). Couvrir le bol et réfrigérer de 6 à 8 heures, ou toute la nuit. Égoutter et rincer les fèves en éliminant les peaux qui flottent. On peut réserver l'eau de trempage et s'en servir comme base de bouillon ou de soupe; on peut conserver cette eau au réfrigérateur jusqu'à 3 jours et 6 mois au congélateur.

Rôtissage à la poêle Il n'est pas nécessaire de faire tremper les fèves si on les fait rôtir à la poêle avant de les faire cuire. Mettre les fèves dans une grande poêle à frire et placer celle-ci à feu vif. Faire rôtir les fèves en les brassant continuellement. En 3 à 4 minutes, les peaux des fèves se dessècheront et commenceront à ratatiner puis redeviendront tendres et se briseront. Il faut alors fermer le feu tout en continuant à brasser les fèves 1 minute de plus. Retirer les fèves de la poêle et les laisser refroidir avant de les faire cuire.

Fèves bouillies Rincer les fèves qui ont trempé puis les égoutter. Les mettre ensuite dans une grande casserole et les recouvrir d'au moins 2,5 cm (1 pouce) d'eau (compter 1 litre/4 tasses) d'eau pour chaque tasse (220 g) de fèves. Amener à ébullition, réduire le feu et mijoter et faire s'attendrir les fèves 2-3 heures environ. Éliminer l'écume qui se forme à la surface du liquide de cuisson et rajouter de l'eau de manière à ce que les fèves en soient toujours couvertes. Certains chefs japonais ajoutent à l'eau de cuisson de l'algue konbu qui, prétendent-ils, rend les fèves plus digestibles.

On peut faire cuire les fèves de soja sans les faire tremper mais il leur faudra alors au moins 3 heures de cuisson pour s'attendrir.

On peut réserver l'eau de cuisson des fèves pour en faire une base de bouillon ou de soupe. Les fèves cuites et l'eau de cuisson peuvent être gardées au réfrigérateur jusqu'à 3 jours, séparément; congelées, elles peuvent se garder jusqu'à 6 mois.

Cuisson sous pression La cuisson sous pression réduit de beaucoup le temps de cuisson des fèves, qu'elles aient été ou non préalablement trempées. Au lieu des 2-3 heures habituelles, il ne faudra que 30-35 minutes de cuisson et l'on ob-

tiendra alors des fèves tendres et de texture crémeuse.

Placer les fèves dans la marmite à pression puis les couvrir d'eau légèrement salée. Amener à ébullition, à découvert, à feu modéré-élevé, puis éliminer toute écume qui se forme à la surface du liquide de cuisson. Réduire le feu à doux et ajouter tout ingrédient désiré (ail, oignon ou konbu). Sceller le couvercle de la marmite puis faire cuire et s'attendrir les fèves, en suivant les indications du manufacturier, 35 minutes environ.

En boîte Si on manque de temps, on peut toujours se procurer des fèves jaunes en boîte. Il faut égoutter et rincer celles-ci avant de les utiliser.

Salées Une fois bien rincées, on peut ajouter 1-2 c. à soupe de ces fèves aux sauces ou aux plats frits. Elles se marient bien avec le gingembre, l'ail et diverses autres saveurs asiatiques.

Aliments à base de soja

Tofu

Connu aussi sous le nom de pâté de soja, le tofu est un caillé blanc préparé en faisant cailler du lait chaud de soja frais avec un coagulant. Le tofu est riche en protéines, très polyvalent et facilement disponible dans les supermarchés, frais, en emballages sous vide ou en cartons de longue conservation. La texture du tofu — extra-ferme, ferme ou mou — dépend de la quantité d'eau qui a été extraite du caillé. Plus le tofu est ferme, plus il contient de protéines. On peut aussi trouver sur le marché du tofu organique.

Comment choisir et utiliser le tofu Pour la friture, les brochettes ou tout plat qui requiert que le tofu garde sa forme (pour pouvoir être émietté ou râpé), on se sert de tofu ferme, velouté ferme ou extra-ferme (voir par exemple Petites boulettes de poulet au soja, p. 30). Le tofu frais et le tofu velouté ferme se réduisent bien en purée. Le tofu de style chinois est généralement plus ferme et granuleux que le tofu japonais à la texture plus molle et plus délicate. Le tofu nigari est ferme et tire son nom du coagulant traditionnel employé pour le faire; on le considère comme l'un des meilleurs tofus.

Le tofu velouté mou et le tofu mou ont une texture molle et crémeuse. Ils peuvent garder leur forme s'ils sont manipulés très délicatement. Les tofus velouté ferme, velouté mou, mou et frais peuvent être facilement réduits en purée pour être ensuite utilisés dans les trempettes, les vinaigrettes, les breuvages, les sauces et comme substituts des produits laitiers dans les plats (comme la crème sure).

C'est à cause de son mode de préparation que le tofu velouté diffère du tofu mou. La texture du tofu velouté dépend de la quantité de coagulant et de la densité du lait utilisés lors de sa fabrication. Comme le caillé n'a pas été égoutté, il contient toujours son petit-lait. C'est donc un tofu assez liquide qui n'absorbe pas facilement les saveurs. Ce tofu est particulièrement utile tel quel dans une sauce ou une soupe.

Le tofu aromatisé (à la mangue, à la noix de coco, aux amandes ou au pandan) peut être servi en purée pour garnir les desserts ou tel quel avec des fruits frais.

Entreposage Le tofu de longue conservation n'a pas besoin d'être réfrigéré. Cependant, une fois les emballages ouverts, les tofu frais ou de longue conservation doivent être gardés couverts d'eau et au froid dans un contenant hermétique. L'eau doit être changée chaque jour et le tofu doit être consommé dans les 2 à 5 jours suivants (suivre les indications du manufacturier). Jeter tout tofu qui sent l'aigre ou dont les côtés ont noirci.

Congélation Le tofu peut être congelé mais sa couleur et sa texture en seront alors changées. Il est déconseillé de congeler le tofu velouté ou mou car la texture crémeuse en sera dès lors perdue. Le tofu congelé peut être dégelé au micro-ondes ou en le plaçant la veille au réfrigérateur. Le tofu décongelé doit être égoutté et pressé avant d'être utilisé. Le tofu décongelé est d'une couleur plus foncée que le frais et sa texture est plus brute. Il absorbe les saveurs comme une éponge.

Tofu

Yuba (feuilles de caillé de soja)

Tofu frit

Pochettes de tofu frites (assaisonnées)

Miso

Tempeh

De haut en bas :
Ketjap manis, tamari, sauce soja légère

Lait de soja

Farine de soja

Noix de soja

Poudre de germes de soja

Huile de soja

Germes de soja

Pâte de soja

*Produits «laitiers» de soja:
margarine, yogourt, fromage*

«Viandes» de soja

*Chocolat de soja, pain au soja,
tofu assaisonné et pâtes au soja*

Yuba (feuilles de caillé de soja)

Le yuba est fabriqué à partir des croûtes qui se forment à la surface du lait quand on le fait chauffer. Crémeux, doux et délicieux quand il est frais, le yuba est riche en protéines et ne contient ni gras saturés ni cholestérol. Disponibles fraîches ou congelées dans les épiceries asiatiques, les feuilles de yuba s'utilisent dans les roulés (crêpes, etc.), les soupes et les plats frits, cuits au four ou à l'étuvée.

Tofu frit (Age)

On peut ajouter aux plats sautés ou aux casseroles de gros ou petits cubes de tofu frit ou des tranches de tofu épaisses (atsuage) ou minces (aburaage). On peut, avec les tranches minces de tofu, faire des pochettes qu'on farcit ensuite avec une garniture salée ou sucrée. Pour en éliminer l'huile, il faut couvrir le tofu d'eau bouillante puis en extraire l'eau en le pressant délicatement avant de s'en servir. On peut se procurer du tofu frit réfrigéré ou congelé dans les épiceries asiatiques.

Tofu assaisonné On peut aussi se procurer dans les épiceries asiatiques, congelées ou en boîte, des pochettes de tofu frit assaisonnées au soja qu'on farcit de riz (voir Pochettes de tofu au riz sushi, p. 42); on peut aussi s'en servir dans les plats frits ou les plats de riz. Une fois les emballages ouverts, le tofu peut se conserver 3-4 jours au réfrigérateur et jusqu'à 3 mois au congélateur.

Miso

Cette pâte salée et très riche en protéines est fabriquée à partir de fèves de soja fermentées auxquelles on ajoute parfois des céréales comme le riz ou l'orge. En règle générale, plus le miso est foncé (misos rouge et brun), plus il est salé; les misos blanc et jaune sont plus doux au goût. On peut se procurer, dans les magasins d'aliments naturels ou dans les épiceries asiatiques, du miso en paquets conservés au réfrigérateur ou en tubes. Il existe aussi du miso organique et du miso faible en sel. Le miso peut se conserver au réfrigérateur dans un contenant hermétique pendant plus d'un an.

Tempeh

Le tempeh est fabriqué à partir de fèves de soja décortiquées puis cuites qu'on fait fermenter et prendre en pains grâce à un champignon semblable à celui qu'on trouve sur les croûtes de fromages à pâte molle. Le tempeh est facilement disponible, nature ou assaisonné, en paquets gardés au froid. Une fois l'emballage ouvert, le tempeh doit être consommé dans les 5 jours suivants (on peut aussi le garder jusqu'à 3 mois au congélateur). Qu'il soit coupé en tranches ou en cubes ou émietté, on peut s'en servir mariné, réduit en purée, grillé, frit, cuit à la vapeur. Comme le tempeh absorbe facilement l'huile, il est préférable de le badigeonner ou de le vaporiser légèrement d'huile avant de le faire sauter dans une poêle antiadhésive.

Sauce soja (Shoyu)

La sauce soja est fabriquée à partir de fèves de soja fermentées et on s'en sert pour relever la saveur de nombreux plats tant sucrés que salés. La sauce soja peut se conserver au réfrigérateur pendant un an.

Il existe plusieurs types de sauce soja aux goûts divers et plus ou moins salés. La sauce soja chinoise est plus forte et plus salée que la japonaise et ne devrait jamais être utilisée dans les plats aux saveurs délicates. Les marques bon marché ne valent rien car elles ne contiennent que des saveurs et des colorants artificiels.

Sauce soja régulière La sauce soja régulière est naturellement brassée. Elle est de couleur foncée et possède une saveur riche. On y ajoute souvent du blé. On trouve aussi sur le marché des sauces soja aux champignons et d'autres qui sont aromatisées (telle la sauce teriyaki qui contient du cinq-épices et de l'ail rôti).

Sauce soja faible en sel Il s'agit d'une sauce soja régulière dont on a, après le brassage, enlevé presque la moitié du sel.

Sauce soja légère La sauce soja légère est moins foncée mais légèrement plus salée au goût que la sauce soja régulière. On s'en sert surtout pour éviter de donner une couleur trop foncée aux sauces et aux vinaigrettes.

Tamari Il s'agit d'une sauce soja épaisse et de couleur très foncée. Parce qu'il n'est fabriqué qu'à partir de fèves, le tamari ne contient pas de gluten de blé; les gens qui sont allergiques au blé ou qui souffrent de problèmes intestinaux peuvent donc l'utiliser sans problème.

Ketjap manis Aussi connue sous le nom de kecap manis, cette sauce soja épaisse indonésienne est édulcorée avec du sucre de palme. Disponible sucrée ou semi-sucrée, c'est une sauce polyvalente à utiliser sur le tempeh ou pour badigeonner le tofu frit (en grande friture ou à la poêle).

Lait de soja

Parce qu'il ne contient ni lactose ni cholestérol, le lait de soja constitue une excellente alternative au lait. Le lait de soja est disponible en emballages réfrigérés ou en cartons de longue conservation qui, tant qu'ils n'ont pas été entamés, n'ont pas besoin d'être gardés au froid. Il en existe plusieurs types : épaissi, réduit en gras, sans gras, enrichi de calcium ou de vitamines, enrichi de soja et de graines de lin, sucré ou aromatisé. On doit l'utiliser dans les 5 jours suivant l'ouverture de l'emballage.

Même s'il est de couleur plus foncée, a un goût plus doux (rappelant celui de la noisette) et tourne s'il est bouilli, le lait de soja peut remplacer le lait dans la plupart des recettes.

Farine de soja

Parce que la farine de soja ne contient pas de gluten et ne peut donc pas lever comme la farine de blé, on ne peut s'en servir qu'en petites quantités dans les pains et les gâteaux. On doit l'utiliser en mélange avec d'autres farines ou dans les breuvages au soja de pair avec du lait de soja ou du tofu. On doit la garder au réfrigérateur dans un contenant hermétique, car elle se conserve mal.

Noix de soja (fèves grillées)

Comme les arachides, les « noix » de soja sont disponibles dans les épiceries asiatiques et les magasins d'aliments naturels. Pour en préparer, faire tremper les fèves de soja en eau froide durant 3 heures. Égoutter à fond puis placer les fèves sur une plaque de cuisson légèrement huilée et couverte de papier parchemin. Faire rôtir les fèves dans un four préchauffé à 180 °C (350 °F), en les retournant fréquemment, 20 minutes environ.

Poudre de germes de soja

Pour fabriquer ce produit, on fait rôtir puis on moud en poudre fine les germes des fèves de soja.

La poudre de germes de soja est très riche en protéines et on peut s'en servir pour « protéiner » nombre de plats, en particulier les sauces, les breuvages, les trempettes et les céréales du matin.

Huile de soja

Un fois raffinée, l'huile extraite des fèves de soja est d'une couleur claire, possède un goût neutre et peut être utilisée pour la cuisson ou dans les salades.

Germes de soja

Très utilisés dans les plats sautés et les mets chinois, les germes de soja ont une texture plus grossière et une saveur plus prononcée que celles des autres germes. Même si on peut les servir crus dans les salades, beaucoup de gens préfèrent d'abord les blanchir 1 ou 2 minutes. Le germe de soja est composé de la fève verte, d'une tige couleur crème et d'une queue filandreuse qu'il est souvent préférable d'éliminer. On peut se servir des germes de soja comme garniture ou rapidement sautés avec d'autres légumes. Ils sont disponibles frais presque partout et ils peuvent se garder 4 à 5 jours au réfrigérateur. On doit jeter les germes de soja qui ont ramolli ou qui sont devenus aqueux.

Pâte de soja

Diverses marques de pâtes de soja, épaisses ou claires, et souvent aromatisées à l'ail, au piment et au vinaigre, sont disponibles en pots dans les épiceries asiatiques. Elles servent à aromatiser les soupes, les sauces et les viandes ou les légumes sautés à la poêle. Une fois entamés, les pots doivent être gardés au réfrigérateur.

Natto Fabriqué à partir de fèves de soja cuites à la vapeur, fermentées puis réduites en purée, le natto possède une texture visqueuse et un goût de fromage fort qui plaisent dès l'abord aux palais occidentaux. Plus facile à digérer que les fèves de soja entières, le natto est utilisé pour relever la saveur de divers plats et comme condiment de table (au Japon, on le sert sur le riz au déjeuner). Le natto se mélange bien à la moutarde, à la sauce soja et à la ciboulette et on peut s'en servir comme vinaigrette.

Produits « laitiers » de soja

On peut trouver, dans les magasins d'aliments naturels et certains supermarchés, du beurre, de la margarine, du fromage (nature ou aromatisé), du fromage à la crème, du yogourt et de la mayonnaise, tous produits à base de soja. La plupart ne contiennent ni cholestérol ni lactose, même s'il faut toujours lire les étiquettes avant l'achat. Presque tous ces produits peuvent remplacer les produits laitiers équivalents dans les recettes. Le beurre et la margarine peuvent être tartinés ou utilisés pour la cuisson au four mais le beurre ne fond pas, de sorte qu'il faut le remplacer par de la margarine ou de l'huile de soja. Le fromage de soja est de saveur douce mais ne peut être ni grillé ni fondu.

« Viandes » de soja

Les succédanés de viande fabriqués à partir des fèves de soja (hamburgers et croquettes) ont le goût de la viande et se cuisent comme elle. Ceux-ci sont disponibles congelés, réfrigérés ou séchés dans les magasins d'aliments naturels et certains supermarchés.

Autres aliments

La gamme des produits du soja offerte sur le marché s'étend constamment. Certains sont d'un point de vue nutritif plus valables que d'autres (selon les autres ingrédients ajoutés) et c'est pourquoi il faut toujours vérifier les étiquettes avant l'achat. Pains, pâtes, céréales, chocolat, croustilles, barres de santé, desserts, crème glacée au soja, tous ces produits et bien d'autres sont aujourd'hui disponibles dans les magasins d'aliments naturels et les supermarchés.

Gruau de soja Le gruau de soja consiste en fèves de soja séchées qui ont été grillées puis concassées. Il peut remplacer la farine de soja dans certaines recettes ou être utilisé dans certaines salades (taboulé) ou certains plats (pour en augmenter le contenu en protéines). Le gruau de soja doit être trempé avant d'être utilisé.

Petits conseils pratiques

Tofu Une fois son emballage ouvert, on doit conserver le tofu couvert d'eau et réfrigéré. L'eau doit être changée chaque jour et le tofu doit être consommé dans les 2 à 5 jours suivants (ou selon les indications du manufacturier).

Chaque marque de tofu a une texture et une saveur particulières. C'est ainsi que certaines marques de « tofu ferme » sont très fermes et s'émiettent ou se râpent facilement, tandis que d'autres sont assez molles pour être réduites en purée.

Même si tous les types de tofu peuvent être taillés en formes décoratives, le tofu velouté et le tofu mou doivent, au risque de se briser, être très délicatement manipulés.

Pour éviter que l'huile n'éclabousse lors de la cuisson à la poêle ou dans la friteuse, il faut toujours égoutter et presser le tofu (voir p. 24) pour en extraire l'excédent d'eau.

Pour rendre le tofu plus ferme, on peut le presser plus longtemps, le faire griller ou mijoter doucement dans l'eau bouillante, 2 minutes environ.

Le tofu peut servir à humidifier et texturer divers plats cuits au four sans en changer le goût. Toutefois, il faut s'assurer que la purée de tofu soit bien lisse avant de l'incorporer à la préparation, sinon les grumeaux de tofu durciront à la cuisson en donnant alors à ces plats une apparence et un goût peu invitants.

Dans les recettes de crêpes, de muffins ou de gâteaux, on peut remplacer une partie des œufs par du tofu. Il faut alors remplacer chaque œuf par 60 ml ($1/4$ de tasse) de tofu velouté réduit en purée.

Produits «laitiers» de soja On peut, dans les recettes, remplacer la plupart des produits laitiers par les produits «laitiers» de soja (lait, beurre, fromage) équivalents.

L'épaisseur, la douceur et la teneur en gras des laits, breuvages et yogourts de soja varient beaucoup d'une marque à l'autre et c'est pourquoi il faut lire les étiquettes avant de les acheter.

Compatibilité des saveurs

Tous les aliments à base de soja sont remarquablement polyvalents et leur goût se marie bien à celui, salé ou sucré, de nombre d'autres produits asiatiques, méditerranéens ou indiens. Plusieurs produits mentionnés ici sont disponibles dans les épiceries fines, les magasins d'aliments naturels et les supermarchés. Il vaut toujours la peine de chercher dans les épiceries spécialisées les produits moins courants.

Huiles

Ghee (beurre clarifié), huile d'olive, huile d'arachides, huile de sésame orientale.

Herbes et épices

Ail, basilic, basilic thaïlandais, ciboulette, cinq-épices, citronnelle, coriandre fraîche, cumin, curcuma, feuilles de lime de Kafir, gingembre, menthe, piment de Cayenne, poudre de piment rouge, poivre de Sichouan, poudre de curry, tamarins, umeboshi (prune aigre japonaise).

Herbes et épices (de gauche à droite) :
Coriandre fraîche, gingembre, zeste d'orange, ail

Bouillons, sauces et assaisonnements

Graines de sésame noires ou blanches, vin chao xing, lait ou crème de coco, dashi (fabriqué à partir de flocons de thon bonito et d'algue konbu; on peut trouver des granules de dashi instantanées dans les épiceries orientales), sauce hoisin, chutneys et autres condiments indiens, ketjap manis (sauce soja sucrée), mirin, miso, nam pla (sauce de poisson fermenté), parmesan, citrons confits, sauce aux huîtres, sauce aux prunes, vinaigre de riz, saké, sambal oelek (pâte de piment rouge), pâte de crevettes, sauce soja, sauce chili douce, pulpe de tamarins, wasabi, sauce Worcestershire.

Fruits et légumes

Limes de Kafir, citrons (comprenant les citrons confits), limes, oranges, échalotes vertes, champignons shiitake frais ou séchés, tomates, oignons.

Nouilles

Nouilles aux œufs, nouilles au riz fraîches ou sèches, nouilles aux fèves mung, nouilles soba, nouilles soba au thé vert, somen ou udon.

Autres

Algues nori et autres.

Herbes et légumes (de gauche à droite) :
Menthe, tomate, piments rouges

Nouilles (de gauche à droite) : Somen, soba, udon

Techniques de préparation et de cuisson

Égouttage et pressage du tofu

Pour éviter qu'il ne provoque des éclaboussures lors de la friture ou qu'il ne dilue les sauces auxquelles on l'incorpore, le tofu doit toujours être égoutté dans une passoire avant d'être utilisé. Le pressage du tofu le rend moins liquide et plus ferme, lui permettant ainsi de mieux absorber les saveurs des marinades et des sauces. Pour certains plats, il suffit de presser légèrement le tofu avec une main mais s'il doit être frit, on devrait l'envelopper dans de l'essuie-tout, placer deux assiettes dessus et le laisser dégorger 15 minutes au moins. On peut aussi placer le tofu entre deux assiettes, placer un poids dessus et le laisser dégorger 15 minutes au moins. Il faut toujours bien assécher le tofu avant de le faire cuire.

Comment égoutter le tofu

Étape 1 : Envelopper le tofu dans de l'essuie-tout et le laisser dégorger en plaçant une ou deux assiettes dessus.

Tofus mou et extra-ferme

24

Comment couper le tofu

Même si tous les types de tofu peuvent être coupés en tranches ou en cubes ou découpés en formes décoratives, les tofus velouté et mou doivent, au risque de se défaire, être très délicatement manipulés.

Comment reconstituer les feuilles de yuba

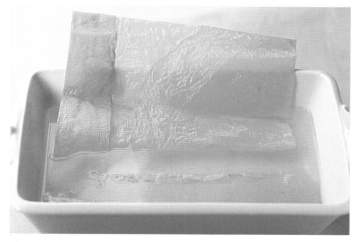

Étape 1 : Placer une feuille de yuba dans un bol peu profond rempli d'eau tiède pendant environ 10-20 secondes.

Comment frire le tofu

Plutôt que de les acheter préparés, on peut soi-même faire frire les tranches ou les cubes de tofu. D'abord, égoutter et presser du tofu ferme, le trancher ou en faire des cubes ou des triangles, puis le faire frire. Pour obtenir un tofu plus croquant, on peut enrober celui-ci d'un peu de fécule de maïs ou de pommes de terre, lesquelles peuvent avoir été assaisonnées de flocons de piment, de poudre de curry ou de graines de sésame; on peut aussi passer le tofu dans de l'œuf légèrement battu puis de la chapelure avant de le faire frire (à la poêle ou dans la friteuse).

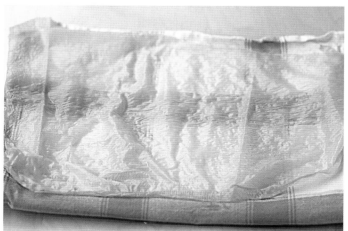

Étape 2 : Une fois la feuille de yuba reconstituée (molle et souple), la placer sur un linge et l'assécher.

Comment utiliser les pochettes de tofu frit

Étape 1 : Verser de l'eau bouillante sur les pochettes de tofu (ou les faire mijoter 1 minute en eau bouillante) pour en extraire le surplus d'huile.

Étape 2 : Une fois le tofu un peu refroidi, en exprimer le liquide en trop. Assécher ensuite le tofu sur de l'essuie-tout.

Étape 3 : Couper les pièces de tofu de 13 cm (5 po) en deux. On doit couper l'extrémité des morceaux pour en faire des pochettes.

Étape 4 : Étendre la pochette sur une planche à découper et passer doucement un rouleau à pâte dessus pour en briser les fibres intérieures, ce qui la rendra plus facile à ouvrir.

Comment utiliser le miso

La cuisson au miso Il existe tant de types et de marques de miso — légèrement salé, salé, très salé, très foncé et goûteux — qu'il est préférable de faire quelques expériences avant de les utiliser dans un plat. On peut se servir d'un ou de plusieurs types de miso mélangés comme condiment, dans les soupes, les sauces, les vinaigrettes, les marinades et les plats cuisinés aux légumes (ou même sur de simples toasts).

Comme chaque type de miso est plus ou moins salé, il est toujours préférable d'en mettre moins que la quantité indiquée dans une recette, quitte à en ajouter plus tard au besoin. En délayant 1 c. à soupe de miso léger ou 2 c. à thé de miso foncé dans 250 ml (1 tasse) d'eau ou de bouillon, on obtient une bonne base. Pour éviter les grumeaux, il faut toujours délayer le miso dans un peu d'eau chaude ou du liquide de cuisson avant de l'incorporer à une préparation.

Petits conseils pratiques

Comme certaines marques de miso sont plus salées que d'autres, il faut toujours mettre moins de miso que la quantité indiquée dans une recette. Goûter au plat et ajouter plus de miso au besoin.

De manière à ce que sa saveur ne soit pas détruite par la chaleur, on n'ajoute le miso à un plat qu'à la fin de la cuisson.

Étape 1 : Pour éviter les grumeaux, délayer le miso dans une petite quantité du liquide de cuisson avant de l'incorporer à la préparation.

Étape 2 : Incorporer peu à peu le mélange au miso dans le reste du liquide chaud.

Soupes

SOUPE AU POIREAU ET AU FENOUIL AVEC JULIENNE DE TEMPEH FRIT

2 c. à soupe d'huile de soja
2 gousses d'ail finement hachées
2 bulbes de fenouils (500 g/1 lb), parés et tranchés
1 gros poireau, paré et tranché
500 g (1 lb) de pommes de terre, pelées et tranchées
1 litre (4 tasses) de bouillon de poulet ou de légumes
Sel et poivre au goût
150 g (5 oz) de tofu velouté ou mou, égoutté
1 c. à soupe de ciboulette finement hachée

Julienne de tempeh :
75 g (2 1/2 oz) de tempeh
Huile canola pour la friture

Dans une grande casserole, faire chauffer l'huile à feu modéré-doux. Y mettre l'ail, le fenouil et le poireau et les faire revenir 5 à 8 minutes. Ajouter les pommes de terre et le bouillon. Assaisonner au goût. Couvrir et mijoter 15-20 minutes, jusqu'à ce que les légumes soient tendres. Passer le tout, en réservant le liquide de cuisson. Dans le robot de cuisine, réduire les légumes et le tofu en purée lisse. Tout remettre dans la casserole et réchauffer mais sans faire bouillir. Servir la soupe garnie de julienne de tempeh frit et de ciboulette.

Julienne de tempeh frit : Tailler le tempeh en allumettes d'environ 5 mm (1/4 de po) de large et 2,5 cm (1 po) de long. Remplir au tiers d'huile un wok ou une grande poêle à frire et la faire chauffer à 185 °C (365 °F). Faire frire la julienne 1-2 minutes puis l'égoutter sur de l'essuie-tout. (Note : La julienne peut être préparée d'avance et se conserver au frais dans un contenant hermétique 1-2 jours.)

Pour 4 convives

SOUPE AU MISO ET AUX NOUILLES

100 g (3 1/2 oz) de nouilles sèches somen
1,5 litre (6 tasses) d'eau
2 1/2 c. à thé de granules de dashi
60 g (1 tasse) de germes de soja
90 g (1/3 de tasse) de miso rouge
3 oignons verts émincés (blanc et vert séparés)
200 g (6 1/2 oz) de tofu ferme ou mou,
coupé en cubes d'1 cm (1/2 po)
Shichimi (sept-épices) ou 1/2 petit piment rouge
épépiné et finement haché

Couper les nouilles en longueur de 10 cm (4 po). Faire cuire les nouilles *al dente* dans une casserole remplie d'eau bouillante, à découvert, 5 minutes environ. Égoutter. Dans une casserole moyenne, mélanger l'eau, les granules de dashi et les germes de soja. Amener à ébullition puis réduire le feu et mijoter. Dans une tasse, délayer à fond le miso dans 1 c. à soupe de liquide. Incorporer peu à peu le miso à la soupe puis ajouter les cubes de tofu et le blanc des oignons. Répartir les nouilles dans les bols puis les couvrir de liquide. Garnir la soupe de shichimi et de vert de l'oignon.

Pour 4 à 6 convives

Variantes :
- On peut, au lieu de germes de soja, se servir de lanières de pochettes de tofu frites, de cubes de tofu frit, d'algues wakame, de germes de pois mange-tout, d'épinards, de champignons enoki ou shiitake ou de tranches de daikon.
- On peut remplacer le miso rouge par du blanc (il faut alors en mettre plus, au goût).

SOUPE AUX TOMATES ET AUX HERBES AVEC TOASTS AU PARMESAN

1 c. à soupe d'huile de soja
1 oignon coupé en fines languettes
1 gousse d'ail broyée
1 branche de céleri hachée
1 carotte hachée
450 g (14 1/2 oz) de tomates aux herbes en boîte
60 g (1/4 de tasse) de pâte de tomate
300 g (10 oz) de fèves de soja en boîte égouttées
1 litre (4 tasses) de bouillon de poulet ou de légumes
2 c. à soupe de sauce Worcestershire
30 g (1/3 de tasse) de pâtes au soja spiralées
10 cubes de tofu frit
2 c. à soupe de basilic finement haché
1 c. à soupe d'origan frais finement haché
1 petit piment rouge frais, épépiné et finement haché
2 c. à soupe de persil finement haché

Pour les toasts au parmesan :
4 tranches de pain au soja et au lin
Huile végétale en aérosol
30 g (1/4 de tasse) de parmesan râpé
1 c. à soupe de persil frais finement haché

Dans une grande casserole, faire chauffer l'huile à feu modéré puis y faire revenir l'oignon et l'ail 2 minutes. Ajouter le céleri, la carotte, les tomates, la pâte de tomate, les fèves, le bouillon, la sauce Worcestershire, les pâtes, les cubes de tofu frit, les herbes et les flocons de piment. Amener à ébullition, réduire le feu et mijoter 30 minutes (note : ajouter plus de bouillon si on désire une soupe plus claire). Garnir de persil et servir avec les toasts au parmesan.

Toasts au parmesan : Préchauffer le four à 200 °C (400 °F). Enlever les croûtes des tranches de pain et vaporiser ces dernières d'un peu d'huile. Saupoudrer chaque tranche de parmesan et de persil. Presser un peu les tranches, les couper en triangles puis les disposer sur une plaque de cuisson et les faire dorer au four environ 10 minutes.

Pour 4 convives

Soupe au poireau et au fenouil avec julienne de tempeh frit

Amuse-gueule et trempettes

PETITES BOULETTES DE POULET AU SOJA

400 g (13 oz) de poulet haché
100 g (3 1/2 oz) de tofu ferme ou extra ferme, égoutté et râpé
4 oignons verts finement hachés
1 gousse d'ail broyée
2 c. à soupe de persil finement haché
2 c. à thé de miso rouge ou blanc
2 c. à thé de zeste d'orange râpé
1/4 de c. à thé de cinq-épices
30 g (1/2 tasse) de chapelure fraîche
60 ml (1/4 de tasse) de ketjap manis mélangé à 1 c. à soupe de sauce soja légère
Huile végétale en aérosol
Ketjap manis

Préchauffer le four à 180 °C (350 °F). Dans un bol moyen, bien mélanger le poulet, le tofu, l'oignon, l'ail, le persil, le miso, le zeste d'orange, le cinq-épices et la chapelure. Façonner en 24 petites boulettes d'environ 4 cm (1 1/2 po) de diamètre. Rouler chaque boulette dans le mélange de ketjap manis, laisser égoutter un peu puis placer les boulettes sur la plaque de cuisson huilée et cuire 8-10 minutes. Servir aussitôt avec du ketjap manis.

Donne 24 boulettes

Variantes :
- Mélanger les boulettes cuites avec des nouilles au riz chaudes et du ketjap manis et servir comme plat principal.
- On peut aussi remplacer le poulet par de l'agneau.

TREMPETTE À L'AUBERGINE ÉPICÉE

1 aubergine d'environ 375 g (12 oz), pelée et coupée en dés
2 c. à thé de sel
2 c. à soupe d'huile de soja
1 gousse d'ail finement hachée
100 g (3 1/2 oz) de tofu velouté ferme ou frais, égoutté
90 g (1/3 de tasse) de tahini
60 ml (1/4 de tasse) de jus de citron frais
1 c. à soupe de miso rouge
1 petit piment rouge, épépiné et finement haché (facultatif)
1/4 de c. à thé de paprika

Saupoudrer l'aubergine de sel et laisser reposer dans une passoire 20 minutes. Passer l'aubergine sous l'eau froide puis l'assécher sur de l'essuie-tout. Dans une poêle à frire moyenne, faire chauffer l'huile à feu modéré-doux et faire sauter l'aubergine et l'ail, 10 minutes environ. Dans le robot de cuisine, mélanger l'aubergine, le tofu, le tahini, le jus de citron et le miso. Réduire en purée lisse. Ajouter le piment rouge. Pour une consistance plus claire, ajouter un peu d'huile.

Verser le mélange dans un bol, saupoudrer de paprika et servir avec des croustilles de tofu, des Craquelins au sésame (page 37) et des bâtonnets de légumes crus.

Donne environ 375 ml (1 1/2 tasse) de trempette

Truc : Les cubes d'aubergine peuvent aussi être badigeonnés ou vaporisés d'huile et cuits dans un four préchauffé à 200 °C (400 °F) 15 minutes environ. On peut aussi cuire l'aubergine entière au four, 40 minutes, puis la peler et la réduire en purée.

Petites boulettes de poulet au soja

BOUCHÉES AU POISSON ET AU CURRY

2 c. à soupe de pâte de curry Massaman
75 g (2 1/2 oz) de poisson à chair blanche, haché
75 g (2 1/2 oz) de tofu ferme ou extra-ferme,
égoutté puis râpé
20 g (1/3 de tasse) de germes de soja,
blanchis puis finement hachés
2 oignons verts finement hachés
1 c. à soupe de lait de coco
12 grosses pochettes de tofu frit (150 g/5 oz)
60 ml (1/4 de tasse) de ketjap manis mélangé à
1 c. à soupe de sauce soja légère

Préchauffer le four à 200 °C (400 °F).

Dans un bol moyen, mélanger la pâte de curry, le poisson, le tofu, les germes de soja, l'oignon vert et le lait de coco. Couper chaque cube de tofu frit en biseau et en faire des pochettes avec les doigts. Remplir chaque pochette d'environ 1 1/2 c. à thé du mélange de poisson. Badigeonner chaque pochette (la garniture y compris) du mélange de ketjap manis. Placer les pochettes farcies sur la plaque de cuisson huilée et faire cuire et dorer au four 8-10 minutes.

Donne 12 bouchées

Trucs :

- Si on se sert de cubes de tofu frit maison, en vider l'intérieur et ajouter la pâte au mélange.
- Pour rendre le mélange au ketjap manis moins sucré et plus facile à étendre, on peut y ajouter de la sauce soja.
- Si on ne peut en trouver, remplacer le Massaman par de la pâte de curry rouge.

CROUSTILLES DE TOFU

150 g (5 oz) de tofu ferme ou frais et ferme, égoutté et pressé
(voir p. 24)
Huile de canola (pour la friture)

Couper le tofu en tranches d'1 cm (1/2 po) d'épais puis les éponger avec de l'essuie-tout. Remplir au tiers d'huile un wok ou une grande poêle à frire et la faire chauffer à 185 °C (365 °F). Faire frire les tranches de tofu 2-3 minutes, jusqu'à ce qu'elles soient dorées et croquantes. Égoutter sur de l'essuie-tout et laisser refroidir. Ces croustilles se conservent au frais jusqu'à 2 jours dans un contenant hermétique.

BOUCHÉES DE THON SASHIMI GRILLÉ

500 g (1 lb) de thon sashimi
2 c. à thé d'huile végétale ou de canola
60 ml (1/4 de tasse) de sauce soja japonaise
60 ml (1/4 de tasse) de vinaigre balsamique
2 oignons verts (le vert émincé seulement)

Parer le thon et le couper en darnes de 4 cm (1 1/2 pouces) d'épais. Faire chauffer l'huile à feu vif et griller le thon 1 minute de chaque côté. Retirer aussitôt le thon de la poêle, réduire le feu à moyen et faire chauffer et épaissir la sauce soja et le vinaigre, 2-3 minutes environ. Remettre le thon dans la poêle et le tourner délicatement mais rapidement pour en enrober les deux côtés de sauce. Couper le thon en morceaux d'une bouchée, piquer de cure-dents et garnir d'oignons verts et servir tiède ou à la température ambiante.

Pour 6 convives

Bouchées au poisson et au curry

TARTELETTES DE SOJA AVEC SALSA ET CRÈME AU TOFU ET À L'AVOCAT

24 tranches de pain au soja et au lin (sans les croûtes)
Huile végétale en aérosol
2 tomates mûres, épépinées et coupées en petits dés
50 g (¹/₃ de tasse) de poivron vert coupé en petits dés
1 petit oignon rouge finement haché
1 c. à thé d'huile d'olive
1 c. à thé de vinaigre
¹/₂ c. à thé de piment vert fort finement haché (facultatif)
Sel et poivre au goût
Feuilles de coriandre ou de cresson pour garnir
Crème au tofu, à l'avocat et à la lime

Préchauffer le four à 200 °C (400 °F).

Aplatir chaque tranche de pain avec un rouleau à pâte. À l'aide d'un emporte-pièce, découper la mie de pain en rondelles de 8 cm (3 po) de diamètre. Vaporiser légèrement d'huile les deux côtés des rondelles puis presser celles-ci au fond de moules à muffin. Faire cuire et dorer au four, 10 minutes environ. Retirer du four et laisser refroidir.

Mélanger les tomates, le poivron, l'oignon, l'huile, le vinaigre, le piment. Assaisonner au goût. Remplir chaque moule de 2 c. à thé de crème au tofu (recette ci-contre) puis d'1 c. à thé de salsa. Garnir de coriandre et servir aussitôt.

Donne 24 tartelettes

Truc : Les tartelettes peuvent être préparées quelques jours à l'avance et gardées dans un contenant hermétique.

Crème au tofu, à l'avocat et à la lime

125 g (4 oz) de tofu velouté, égoutté
2 c. à thé de miso blanc (shiro)
4 c. à thé de vinaigre blanc
1 avocat pelé et coupé en dés
Sel et poivre au goût
1 ¹/₂ c. à soupe de jus de lime
1 c. à thé chacune de persil, ciboulette et menthe

Dans le robot de cuisine, réduire le tofu en purée lisse. Dans une tasse, bien mélanger 2 c. à soupe de purée de tofu et le miso. Remettre ce mélange dans le robot et ajouter les autres ingrédients. Réduire le tout en purée lisse.

Donne 375 ml (1 ¹/₂ tasse)

Variantes :

- Servir cette crème comme trempette avec des Craquelins au sésame (voir p. 37) et des bâtonnets de légumes crus.
- Utiliser la crème pour fourrer des crêpes ou des sandwiches.
- Couper le dessus de pommes de terre cuites à la vapeur ou au four et les garnir de cette crème à laquelle on aura mélangé de la chair de crabe cuite.
- Garnir les tacos ou les enchiladas de cette crème.
- On peut remplacer le piment vert par du wasabi.

Tartelettes de soja avec salsa et crème au tofu et à l'avocat

TOFU AU TAHINI ÉPICÉ AVEC CRAQUELINS AU SÉSAME

Craquelins au sésame :
1 c. à soupe de sucre glace
60 g (²/3 de tasse) de graines de sésame blanches
2 c. à thé de poivre frais moulu
2 c. à soupe de tahini
75 g (¹/2 tasse) de farine
30 g (¹/4 de tasse) de farine de soja
2 blancs d'œuf légèrement battus
60 ml (¹/4 de tasse) de sauce soja japonaise

Pour le tofu au tahiné épicé :
165 g (²/3 de tasse) de fèves de soja en boîte,
rincées, égouttées
150 g (5 oz) de tofu velouté ou mou, égoutté
90 ml (¹/3 de tasse) de jus de citron
60 g (¹/4 de tasse) de tahini
2 c. à thé de miso blanc (shiro)
Sel et poivre au goût
2 gousses d'ail finement hachées
2 c. à soupe de persil finement haché
¹/4 de c. à thé de piment de Cayenne ou de piment épépiné
et finement haché

Craquelins au sésame : Préchauffer le four à 180 °C (350 °F). Couvrir une plaque de cuisson d'environ 30 x 23 cm (12 x 9 po) de papier parchemin.

Dans un grand bol, bien mélanger tous les ingrédients des craquelins. Étendre le mélange sur la plaque de cuisson et cuire 10-15 minutes, jusqu'à ce que la pâte soit croustillante. Laisser refroidir un peu puis briser la pâte en morceaux.

Dans le robot de cuisine, réduire les fèves en purée lisse. Ajouter le tofu, le jus de citron, le tahini, le miso, le sel, le poivre et l'ail et réduire en purée. Incorporer à la main le persil, la ciboulette et le piment de Cayenne. Servir

Tofu au tahini épicé avec craquelins au sésame

avec les Craquelins au sésame et des bâtonnets de légumes crus.

Pour 6 à 8 convives

Variante : On peut se servir du tofu au tahini comme sauce sur le poisson ou le steak grillé. On peut aussi en fourrer des crêpes ou des sandwiches.

PÉTONCLES AU MISO ET AUX ÉPINARDS

30 g (1 tasse) d'épinards bien tassés et lavés
1 c. à soupe de miso blanc (shiro)
1 c. à soupe de mirin
¹/2 c. à thé de sucre
1 c. à soupe d'eau
12 pétoncles
Rubans de zeste de citron (pour garnir)

Préchauffer le four à 200 °C (400 °F). Couvrir une plaque de cuisson de papier parchemin.

Blanchir les épinards 1 minute. Les égoutter puis les réduire en purée au robot. Ajouter le miso, le mirin, le sucre et l'eau. Réduire le mélange en purée jusqu'à ce que le sucre soit dissous.

Placer les pétoncles sur la plaque de cuisson et verser une cuillerée du mélange d'épinards sur chacun des pétoncles. Faire cuire au four 3-4 minutes, pas plus, sinon les pétoncles deviendront coriaces. Déposer les pétoncles sur une assiette de service et garnir du zeste de citron et servir aussitôt.

Pour 4 convives

Variantes :
- On peut cuire les pétoncles et les servir dans leur coquille ou dans de petits ramequins.
- On peut remplacer les pétoncles par des huîtres ou des moules.

ROULEAUX DE PRINTEMPS

Sauce :

125 g (4 oz) de tofu velouté, égoutté et réduit en purée
60 ml (¹/4 de tasse) de sauce au piment doux
2 c. à thé de jus de citron frais
Une pincée de sel (facultatif)

45 g (1 ¹/2 oz) de nouilles de riz (vermicelles)
60 g (1 tasse) de germes de soja, blanchis
1 carotte moyenne coupée en julienne
¹/2 poivron rouge, épépiné et coupé en julienne
6 pois mange-tout coupés en julienne
60 g (1 tasse) de chou chinois finement râpé
75 g (2 ¹/2 oz) de tofu extra-ferme, égoutté et râpé
1 c. à soupe de coriandre hachée
1 c. à soupe de menthe finement hachée
24 galettes de riz d'environ 15 cm (6 po) de diamètre

Sauce : Dans le robot, réduire le tofu en purée. Ajouter les autres ingrédients et réduire en sauce lisse.

Mettre les nouilles dans un grand bol et les couvrir d'eau bouillante. Laisser reposer 5-10 minutes, jusqu'à ce que les nouilles soient tendres. Égoutter puis passer les nouilles sous l'eau froide. Égoutter de nouveau et assécher sur de l'essuie-tout.

Dans un grand bol, mélanger les nouilles, les germes de soja, la carotte, le poivron, les pois mange-tout, le chou, le tofu, la coriandre et la menthe. Faire tremper les galettes de riz une à une dans de l'eau tiède, 30 secondes environ. Étendre chaque feuille sur un linge sec et l'assécher. Placer 1 c. à soupe comble de garniture sur chaque galette et la rouler sur elle-même en en rabattant les côtés pour la fermer. Servir avec la sauce au tofu.

Donne 24 rouleaux.

SALADE DE TOFU À LA VINAIGRETTE AU MISO

Vinaigrette :

2-3 c. à soupe de miso blanc (shiro)
1 c. à soupe de mirin
1 c. à soupe de saké
1 c. à soupe de sucre
2 c. à soupe de vinaigre de riz ou de cidre (légèrement dilué)
1 c. à thé de sauce soja
¹/4 de c. à thé de moutarde forte (facultatif)

Marinade :

2 c. à soupe de vinaigre de riz
1 c. à soupe de sucre
1 pincée de sel

400 g (13 oz) de tofu velouté ferme ou frais, égoutté et pressé (voir p. 24)
4 oignons verts (le vert seulement), coupés en morceaux de 2 cm (³/4 de po)
Pâte wasabi ou moutarde forte

Vinaigrette : Dans une petite casserole, mélanger le miso, le mirin, le saké et le sucre et faire chauffer jusqu'à ce que ce dernier soit dissous. Retirer du feu et laisser refroidir. Incorporer le vinaigre, la sauce soja et la moutarde (si désiré). Réfrigérer.

Dans un bol moyen, mélanger les ingrédients indiqués pour la marinade (ou utiliser du vinaigre à sushi). Couper le tofu en cubes de 2 cm (³/4 de po) et les mélanger à la marinade. Laisser reposer 15 minutes. Égoutter le tofu puis l'assécher et le mélanger délicatement à la vinaigrette. Disposer dans des plats ou des bols individuels, garnir d'oignon et servir avec du wasabi ou de la moutarde.

Pour 4 convives

Rouleaux de printemps

Repas légers et casse-croûte

BÂTONNETS AU TOFU AVEC CRÈME AU PIMENT

Crème au piment :
180 g (²/3 de tasse) de tofu velouté, égoutté
2 c. à soupe de jus de citron frais ou de vinaigre
¹/4 de c. à thé de sel
1-2 c. à thé de miso rouge ou blanc (shiro)
60 ml (¹/4 de tasse) de sauce de piment doux

300 g (10 oz) de tofu ferme, égoutté et pressé (voir p. 24)
45 g (¹/4 de tasse) de farine (pour l'enrobage)
Huile de soja ou de canola (pour la friture)

Crème au piment : Dans le robot, réduire le tofu en purée. Ajouter les autres ingrédients indiqués et réduire en crème lisse.

Couper le tofu en bâtonnets d'environ 1 cm (3/8 de po) d'épais et 4 cm (1 ¹/2 po) de long. Enrober légèrement de farine.

Remplir au tiers d'huile un wok ou une grande poêle à frire et faire chauffer à 185 °C (365 °F). Faire frire et dorer les bâtonnets, 2-3 minutes. Égoutter sur de l'essuie-tout. Servir aussitôt avec la sauce au piment.

Pour 4 convives

Variantes :
- Servir avec du poisson frit.
- Avant de les frire, faire tremper les bâtonnets de tofu dans de l'œuf battu puis de la chapelure ou de la pâte à frire tempura.
- Remplacer la sauce au piment par n'importe lequel des produits suivants : ail haché, poudre de curry, oignon ou oignon vert haché, moutarde, sauce Tabasco, tahini, sauce barbecue, concombres marinés, herbes fraîches ou séchées (persil, ciboulette, aneth, origan, basilic, marjolaine), gingembre frais râpé, huile de sésame ou beurre d'arachides.

Bâtonnets au tofu avec sauce au piment

FEUILLETÉS AUX POMMES DE TERRE ET AU SOJA

2 c. à soupe d'huile de soja
200 g (¹/4 de tasse) de chair de citrouille ou courge butternut coupée en morceaux de 1 cm (¹/2 po)
200 g (1 ¹/4 tasse) de pommes de terre coupées en dés
1 oignon moyen coupé en dés
60 g (2 oz) de germes de soja
2 c. à thé de cumin moulu
1 c. à thé de coriandre moulue
1 c. à thé de miso rouge
¹/4 de c. à thé de curcuma
¹/4 de c. à thé de sel
3 feuilles de pâte feuilletée décongelée, coupées en quatre
1 c. à thé de graines de cumin
2 c. à soupe de lait de soja
Sauce au yogourt à la menthe (page 53)

Préchauffer le four à 200 °C (400 °F). Couvrir une plaque de cuisson de papier parchemin.

Dans une grande poêle à frire, faire chauffer l'huile à feu modéré-doux et faire revenir la citrouille ou la courge, les pommes de terre et l'oignon, 5 minutes environ. Ajouter les germes de soja, le cumin, la coriandre, le miso, le curcuma et le sel et cuire 2 minutes environ. Retirer du feu.

Placer environ 2 c. à soupe du mélange au centre de chaque morceau de pâte coupée. Badigeonner légèrement les bords de la pâte de lait de soja et rabattre les quatre coins vers le centre en les pinçant pour sceller la pâte. Badigeonner de lait de soja et garnir de graines de cumin. Placer les feuilletés sur la plaque de cuisson, les cuire et bien dorer au four 12 minutes environ. Servir avec la Sauce au yogourt à la menthe.

Donne 12 feuilletés

POCHETTES DE TOFU AU THON ET AUX GRAINES DE MOUTARDE

Légumes verts croquants :
100 g (3 ¹/₂ oz) de pois mange-tout, parés
100 g (3 ¹/₂ oz) de petites asperges, parées et coupées en
morceaux de 5 cm (2 po) de long
75 g (¹/₂ tasse) de fèves de soja fraîches ou surgelées
1 c. à thé de mirin
1 c. à thé de sauce soja

Thon :
2 c. à thé d'huile de soja
60 g (¹/₂ tasse) d'oignon finement haché
180 ml (³/₄ de tasse) de lait de soja
2 c. à soupe de fécule de maïs
100 g (3 ¹/₂ oz) de flocons de thon cuit (ou une boîte de
90 g (3 oz) de thon égoutté)
1 c. à thé de moutarde à gros grains (type de Meaux)
90 g (¹/₂ tasse) de grains de maïs
2 c. à thé d'aneth frais finement haché
4 pochettes ou gros cubes de tofu frit
Brins d'aneth pour garnir

Légumes : Faire cuire et s'attendrir les légumes à la vapeur à la marguerite, 3 minutes environ. Mélanger le mirin et la sauce soja et en arroser les légumes. Réserver.

Préchauffer le four à 180 °C (350 °F). Couvrir une plaque de cuisson de papier parchemin.

Dans une casserole moyenne, faire chauffer l'huile à feu modéré puis y faire revenir l'oignon 3-4 minutes. Dans un petit bol, délayer la fécule de maïs dans 1 c. à soupe de lait de soja. Mettre ce mélange dans la casserole avec le reste du lait, le thon, la moutarde et le maïs. Faire épaissir le tout, en remuant sans cesse, 5 minutes environ. Incorporer l'aneth haché.

Couper les pochettes ou les cubes de tofu en deux (en biseau) et en vider l'intérieur avec les doigts. Remplir les pochettes ou les cubes du mélange au thon puis les disposer sur la plaque de cuisson préparée. Faire cuire et dorer 7-8 minutes. Disposer deux pièces de tofu farcies sur chaque assiette avec les légumes et servir aussitôt le tout garni de brins d'aneth.

Pour 4 convives

Truc : Les pochettes de tofu peuvent être fermées ou ouvertes.

POCHETTES DE TOFU AU RIZ SUSHI (INARI-ZUCHI)

2 c. à soupe de graines de sésame rôties
¹/₂ petit concombre anglais, épépiné et coupé en dés
375 g (2 ¹/₂ tasses) de riz à sushi (voir p. 45)
8 pochettes de tofu assaisonnées
2 c. à soupe de gingembre mariné rouge ou rose
8 oignons verts (le vert seulement, blanchi)

Incorporer les graines de sésame et le concombre au riz à sushi. Ouvrir délicatement les côtés coupés des pochettes de tofu et les farcir de riz aux deux tiers. Sceller les côtés des pochettes et les retourner si les rabats sont en dessous. Attacher un morceau d'oignon autour de chaque pochette. Servir avec le gingembre mariné.

Donne 8 pochettes de tofu

Truc : On peut trouver des pochettes de tofu assaisonnées et du gingembre mariné dans les épiceries orientales et dans certains supermarchés.

Pochettes de tofu au thon et aux graines de moutarde

SUSHIS AU TERIYAKI ET AU TEMPEH

16 bandes de tempeh d'¹/₄ de po (5 mm) de large et
10 cm (4 po) de long
1 c. à soupe de sauce teriyaki, de sauce soja ou
de ketjap manis
2 feuilles de nori rôties (yaki-nori)
300 g (2 tasses) de riz à sushi (voir ci-contre)
1 c. à thé de wasabi
1 petit concombre anglais coupé en 4 sur le long et épépiné
2 c. à soupe de sauce soja
1 c. à soupe de gingembre rose mariné
Petit bol d'eau vinaigrée

Faire mariner le tempeh dans la sauce teriyaki 10-15 minutes. Couper les feuilles de nori en deux en suivant les lignes du côté rugueux des feuilles. Étendre une demi-feuille de nori le long d'une natte de bambou (à sushis), à trois lattes de l'extrémité de cette dernière. Tremper légèrement les doigts dans l'eau puis étendre ¹/₄ du riz à sushi sur la feuille de nori, en laissant une marge de 2,5 cm (1 po) le long du côté placé le plus loin de vous.

Étendre un petit peu de wasabi au centre du riz puis y disposer uniformément les bandes de tempeh et le concombre. (Ne pas trop remplir les sushis sinon ils se déferont.) Saisir l'extrémité de la natte placée la plus près de vous avec les pouces et les index en tenant la garniture avec vos autres doigts. Rouler la natte en la serrant pour que les légumes soient bien pressés. Continuer à rouler pour finir et sceller le rouleau. Répéter l'opération trois fois puis, avec un couteau bien aiguisé et humecté avec un linge mouillé, couper chaque rouleau en 6 morceaux en essuyant le couteau après chaque coupe. Servir avec le gingembre mariné.

Donne 24 sushis

RIZ À SUSHI

220 g (1 tasse) de riz à grains courts
375 ml (1 ¹/₂ tasse) d'eau

Vinaigre à sushi :
3 c. à soupe de vinaigre de riz
1 ¹/₂ c. à soupe de sucre
¹/₂ c. à thé de sel

Dans une casserole moyenne, mélanger le riz et l'eau. Amener à ébullition, réduire le feu à très doux, couvrir et mijoter jusqu'à ce que tout le liquide ait été absorbé, 12 minutes environ. Retirer du feu et laisser reposer, à l'étouffée, 10 minutes.

Entre-temps, préparer le vinaigre à sushi. Dans un petit bol, bien mélanger les ingrédients indiqués.

Étendre le riz chaud dans un plat à fond plat (éviter le métal), l'arroser de vinaigre. Passer une cuiller de bois dans le riz pour y répartir le vinaigre et briser tout grumeau. Éventer le riz avec un éventail pendant quelques minutes pour l'amener à la température ambiante. Garder le riz couvert d'un linge humide pour l'empêcher de sécher.

Donne environ 450 g (3 tasses) de riz

Truc : On peut trouver du vinaigre à sushi préparé dans les épiceries orientales et dans certains supermarchés.

Sushis au teriyaki et au tempeh

CRÊPES AU SAUMON AVEC MAYONNAISE AUX ÉPINARDS

Crêpes au tofu :
60 g (2 oz) de tofu velouté, égoutté
250 ml (1 tasse) de lait de soja
60 ml (1/4 de tasse) d'eau
1/4 de c. à thé de sel
125 g (3/4 de tasse) de farine enrichie de levure, tamisée
45 g (1/4 de tasse) de farine de soja
Huile végétale en aérosol

Mayonnaise aux épinards :
75 g (2 1/2 oz) d'épinards, équeutés, blanchis et hachés
300 g (10 oz) de tofu velouté, égoutté
2 c. à soupe de jus de citron
2 c. à thé de miel
1 c. à soupe de sauce soja légère
2 c. à thé de moutarde de Dijon
90 ml (1/3 de tasse) d'huile de soja
1 c. à soupe d'estragon frais finement haché
Sel et poivre noir au goût
Lait de soja (facultatif)

Saumon :
250 g (8 oz) de fromage à la crème de soja
450 g (14 oz) de saumon fumé ou saumon rouge en boîte,
égoutté
2 c. à thé de miso blanc (shiro)
2 c. à soupe de jus de citron
2 c. à soupe de persil finement haché
1 c. à soupe d'aneth finement haché
3 oignons verts émincés
Poivre noir au goût

Crêpes au tofu : Dans le robot, réduire le tofu en purée lisse. Ajouter le lait de soja, l'eau et le sel et bien mélanger. Le robot toujours en marche, incorporer peu à peu les farines. Faire chauffer une petite poêle à crêpes ou à frire de 20-23 cm (8-9 po) de diamètre à feu modéré. Vaporiser légèrement d'huile et verser environ 60 g (1/4 de tasse) de pâte de manière à juste couvrir le fond de la poêle. Faire dorer chaque crêpe, environ 1 minute de chaque côté.

Mayonnaise aux épinards : Dans le robot, mélanger et réduire en purée lisse les épinards, le tofu, le jus de citron, le miel, la sauce soja et la moutarde. Le robot toujours en marche, incorporer l'huile en un jet continu. Placer le mélange dans un bol et incorporer l'estragon, le sel et le poivre. Pour une consistance plus claire, ajouter du lait de soja.

Saumon : Dans un bol moyen, bien battre le fromage avec un mélangeur électrique puis y incorporer le saumon, le miso, le jus de citron, les herbes, l'oignon et le poivre. Placer 60 g (1/4 de tasse) de ce mélange sur les crêpes, en roulant et disposant celles-ci à mesure dans l'assiette de service. Servir avec la mayonnaise aux épinards.

Donne environ 10 crêpes, pour 4-5 convives

Trucs :
- On peut préparer les crêpes d'avance et les congeler (chacune séparée par une feuille de plastique pour congélateur) dans un contenant hermétique ou un sac à congélation. Il est préférable d'utiliser ces crêpes congelées dans le mois suivant leur fabrication.
- Parce que ces crêpes ne sont pas sucrées, on peut s'en servir avec une garniture sucrée ou salée.

Crêpes au saumon avec mayonnaise aux épinards

SAUMON FUMÉ ET FRITTATA AU POIVRE VERT

100 g (3 ½ oz) de pâtes de soja spiralées
1 c. à soupe de margarine ou d'huile de soja
1 poireau, le blanc seulement, paré et haché
125 g (4 oz) de tofu frais ou velouté, égoutté
100 g (3 ½ oz) de tofu extra-ferme, égoutté et râpé
100 g (3 ½ oz) de saumon fumé haché
4 œufs légèrement battus
1 c. à soupe de câpres hachées (facultatif)
1 c. à soupe de ciboulette finement hachée
2 c. à soupe d'aneth finement haché
Poivre au goût
60 g (2 oz) de fromage de soja aux herbes, râpé

Sauce au poivre vert :
180 g (6 oz) de tofu velouté, égoutté
1 ½ c. à soupe de jus de citron
¼ de c. à thé de sel
1 c. à soupe de grains de poivre vert

Sauce : Dans le robot, réduire en purée le tofu, le jus de citron et le sel puis y incorporer le poivre vert. Pour une consistance plus claire, ajouter du lait de soja.

Graisser légèrement un moule à gâteau rond de 20 cm (8 po) de diamètre puis le couvrir de papier parchemin.

Cuire les pâtes *al dente* dans de l'eau bouillante salée, 8-10 minutes environ. Égoutter et passer les pâtes à l'eau froide puis les égoutter de nouveau. Dans une grande poêle à frire, faire chauffer la margarine ou l'huile à feu modéré. Y mettre le poireau et le faire revenir 5 minutes environ. Retirer du feu et laisser refroidir. Dans le robot, réduire le tofu frais ou velouté en purée.

Dans un grand bol, mélanger les pâtes, le poireau, les deux tofus, le saumon, les œufs, les câpres, la ciboulette, la moitié de l'aneth et le poivre. Transférer le mélange dans le moule à gâteau. Saupoudrer de fromage et du reste de

l'aneth et cuire à 180 °C (350 °F), 30 minutes environ. Laisser reposer le plat 5 minutes avant de le sortir du four. Servir chaud ou froid avec la sauce au poivre vert et une salade.

Pour 4 convives

TOFU GRILLÉ AU PORC SUCRÉ ET À LA MANGUE

400 g (13 ½ oz) de tofu ferme
2 c. à soupe d'huile de soja et ½ c. à thé d'huile de sésame
2 gousses d'ail finement hachées
2 c. à thé de coriandre moulue
3 c. à soupe d'arachides grossièrement hachées
300 g (10 oz) de porc maigre haché
2 c. à soupe de sucre brun ou de palme
1 c. à soupe de sauce au poisson
2 c. à soupe de coriandre fraîche hachée
1 petit piment rouge, épépiné et finement haché
1 mangue, chair pelée et finement hachée
Feuilles de menthe pour garnir

Couper le tofu en tranches d'1 cm (½ po) d'épais. Dans une grande poêle à frire, faire chauffer les deux huiles à feu modéré puis y faire dorer les tranches de tofu, 2 minutes de chaque côté; retirer du feu et réserver. Faire sauter et dorer l'ail et la coriandre moulue 2 minutes environ. Éviter de brûler l'ail. Ajouter les arachides et cuire 1 minute de plus. Réserver 1 c. à soupe d'arachides pour la garniture. Ajouter le porc et le sucre à la poêle et les faire frire et dorer. Incorporer la sauce au poisson, la coriandre hachée et le piment. Retirer du feu. Disposer les tranches de tofu sur les assiettes individuelles et les couvrir du mélange à la viande. Garnir avec la mangue hachée, la menthe et les arachides réservées.

Pour 4 convives

Tofu grillé au porc sucré et à la mangue

Plats principaux

TOFU AU SÉSAME ET PURÉE DE SOJA ET DE CÉLERI-RAVE

Marinade :
2 gousses d'ail finement hachées
2 c. à thé de gingembre frais râpé
2 c. à soupe de sauce soja japonaise
2 c. à soupe de jus de lime
2 c. à thé de citronnelle finement hachée
600 g (20 oz) de tofu ferme, égoutté et pressé (voir p. 24)

Purée de soja et de céleri-rave :
125 ml (1/2 tasse) de vin blanc sec
1 oignon moyen finement haché
125 ml (1/2 tasse) de bouillon de poulet ou de légumes
250 g (1 1/2 tasse) de fèves de soja fraîches ou surgelées
250 g (8 oz) de céleri-rave pelé et coupé en dés
1 c. à soupe de feuilles de menthe finement hachées
1 c. à soupe de jus de citron

1-2 blancs d'œuf légèrement battu(s)
30 g (1/3 de tasse) de graines de sésame blanches
Huile végétale en aérosol
1 gros poivron rouge épépiné et coupé en quartiers

Dans un petit bol, mélanger tous les ingrédients de la marinade. Couper le tofu en tranches de 2 cm (3/4 de po) de large et 5 cm (2 1/2 po) de long. Le mettre dans un bol peu profond puis le couvrir de marinade. Réfrigérer le tout 1 heure, en retournant le tofu à quelques reprises.

Purée : Dans une casserole moyenne, faire chauffer le vin à feu modéré. Y mettre l'oignon et le faire cuire, jusqu'à ce qu'il soit tendre et que le vin soit réduit de moitié. Incorporer le bouillon, les fèves et le céleri-rave et amener à ébullition.

Réduire le feu et mijoter, à découvert, 10-15 minutes. Incorporer la menthe et le jus de citron. Dans le robot, réduire le tout en purée lisse. Réserver et garder chaud.

Égoutter le tofu puis l'assécher avec de l'essuie-tout. Tremper le tofu dans le blanc d'œuf battu, l'égoutter un peu puis le saupoudrer de graines de sésame. Enduire d'huile une grande poêle à frire puis y faire dorer le tofu à feu modéré-doux, sur tous les côtés, 1-2 minutes.

Entre-temps, préchauffer le gril du four puis saisir et griller les poivrons jusqu'à ce que les peaux commencent à se fendre. Enlever les peaux et les graines et couper la chair de poivron en lanières. Servir le tofu avec le poivron et la purée de légumes.

Pour 4 convives

PÂTES AU SOJA ET PESTO AU MISO

2 gousses d'ail finement hachées
30 g (1 tasse comble) de feuilles de basilic
150 g (1 tasse) de noix de pin rôties
4 c. à thé de miso blanc (shiro)
125 ml (1/2 tasse) d'huile de soja
250 g (8 oz) de pâtes de soja spiralées

Dans le robot, réduire en purée lisse l'ail, le basilic, les noix de pin et le miso. Le robot toujours en marche, incorporer l'huile peu à peu. Bien mélanger le tout.

Entre-temps, dans une grande casserole d'eau salée bouillante, faire cuire les pâtes *al dente*, 8-10 minutes. Égoutter puis mélanger les pâtes et le pesto au miso dans un grand bol. Disposer les nouilles dans des bols individuels et servir.

Pour 4 convives

Tofu au sésame et purée de soja et de céleri-rave

BOULETTES DE TOFU AVEC YOGOURT À LA MENTHE ET RIZ AUX AMANDES

Yogourt à la menthe :

180 g (6 oz) de tofu ferme velouté, égoutté
180 g (³/4 de tasse) de yogourt nature
2 c. à soupe de jus de citron
3 c. à soupe de menthe finement hachée
1 gousse d'ail finement hachée
Sel et poivre au goût

Riz aux amandes :

330 g (1 ¹/2 tasse) de riz à grains longs
750 ml (3 tasses) d'eau
125 g (1 tasse) d'amandes tranchées

Boulettes :

300 g (10 oz) de tofu extra-ferme, égoutté
4 oignons verts finement hachés
1 gousse d'ail finement hachée
10 g (¹/4 de tasse) de persil finement haché
60 g (1 tasse) de chapelure de pain au soja et au lin
45 g (¹/3 de tasse) de raisins secs
1 branche de céleri finement hachée
90 g (¹/3 de tasse) de tahini
2 c. à soupe de sauce soja japonaise
¹/2 c. à thé de cumin moulu
¹/4 de c. à thé de coriandre moulue
1/8 de c. à thé de pâte de piment (facultatif)
60 g (¹/2 tasse) de flocons de maïs broyés
2 c. à soupe d'huile végétale ou de soja

Sauce : Dans le robot, réduire le tofu en purée, ajouter le reste des ingrédients et bien mélanger.

Riz aux amandes : Faire dorer les amandes dans une poêle à frire, sans gras, à feu modéré.

Dans une grande casserole, mélanger le riz et l'eau et amener à ébullition. Réduire le feu et mijoter jusqu'à ce que le liquide ait été absorbé, 12-15 minutes. Retirer la casserole du feu et laisser reposer, à l'étouffée, 10 minutes. Incorporer les amandes rôties au riz.

Boulettes : Dans le robot, broyer le tofu jusqu'à ce qu'il ait la texture d'une chapelure. Dans un grand bol, mélanger le tofu avec l'oignon vert, l'ail, le persil, la chapelure, les raisins, le céleri, le tahini, la sauce soja, les épices et la pâte de piment. Bien mélanger. Façonner les boulettes et les rouler dans les flocons de maïs broyés.

Dans une grande poêle à frire, faire chauffer l'huile à feu modéré et cuire les boulettes de tofu jusqu'à ce qu'elles soient dorées, 8-10 minutes. Les servir avec le yogourt et le riz.

Pour 4 convives

Variante : Enfiler les boulettes de tofu sur des brochettes et les cuire sur le gril. On peut aussi les placer sur une plaque de cuisson couverte de papier parchemin et les faire dorer au four à 180 °C (350 °F), 8-10 minutes.

Boulettes de tofu avec yogourt à la menthe et riz aux amandes

POULET À L'ORANGE ET COUSCOUS À LA MENTHE

Poulet :

2 oranges
3 c. à soupe de mirin ou vin blanc doux
1 c. à thé de sauce soja
2 c. à thé de miso blanc (shiro)
1/8 de c. à thé de cannelle moulue
2-3 poitrines de poulet (la chair seulement) coupées en deux
1 c. à soupe d'huile de canola

Farce :

75 g (2 1/2 oz) de tofu ferme, égoutté et émietté
3 oignons verts émincés
60 g (1/2 tasse) de chapelure grossière
1 c. à soupe de persil haché
1 c. à soupe de ciboulette hachée
60 g (1/2 tasse) de noix de macadamia rôties et moulues
Poivre au goût

Sauce à l'orange :

2 c. à soupe de bouillon de poulet
1 c. à thé de miso rouge délayé dans 60 ml (1/4 de tasse) de jus d'orange
150 g (5 oz) de tofu mou ou ferme velouté, égoutté et réduit en purée
1 c. à thé de zeste d'orange râpé (réservé)

Couscous à la menthe :

500 ml (2 tasses) de bouillon de poulet
375 g (2 tasses) de couscous instantané
2 c. à soupe de menthe finement hachée
2 c. à thé de margarine de soja

Préchauffer le four à 180 °C (350 °F).

Râper le zeste d'une orange. Peler les deux oranges et les couper en tranches épaisses. Mélanger 1 c. à thé de zeste (en gardant le reste pour la sauce) avec le mirin, la sauce soja, le miso et la cannelle. Placer le poulet dans un plat peu profond et le couvrir de marinade. Couvrir et mettre au froid toute la nuit (30 minutes au moins). Égoutter le poulet en réservant la marinade. Dans un grand bol, mélanger les ingrédients de la farce. Couper délicatement chaque poitrine de poulet sur le sens de la longueur pour en faire une pochette à farcir. Remplir les pochettes de farce et les fermer avec des cure-dents.

Dans une poêle à frire, faire chauffer l'huile à feu modéré puis y faire dorer le poulet, environ 2 minutes de chaque côté. Placer le poulet sur une plaque de cuisson légèrement huilée et le cuire 12-15 minutes. Retirer du four.

Sauce : Mettre le bouillon dans la poêle avec le reste de la marinade et cuire 5 minutes. Ajouter le mélange au miso, la purée de tofu et le zeste d'orange et faire chauffer doucement le tout, sans faire bouillir. Réserver et garder chaud.

Couscous : Dans une casserole moyenne, amener le bouillon à ébullition. Retirer du feu, ajouter le couscous, couvrir et laisser reposer 5-10 minutes, jusqu'à ce que le liquide ait été absorbé. Incorporer la menthe et la margarine de soja. Réserver et garder chaud.

Retirer les cure-dents de la viande et servir les pochettes avec les tranches d'orange, le couscous et la sauce.

Pour 4 à 6 convives

Truc : S'il reste de la farce, on peut la mettre sur le poulet avant de cuire celui-ci au four.

Poulet à l'orange et couscous à la menthe

TOFU GRILLÉ À LA SAUCE AUX CHAMPIGNONS ET AU ROMARIN

600 g (20 oz) de tofu frais ou ferme, égoutté
60 g (1/4 de tasse) de margarine de soja
1 gousse d'ail finement hachée
300 g (10 oz) de champignons au choix
(ex. : champignons café, pleurotes, coupés en deux au besoin)
2 c. à soupe de romarin frais haché et un peu plus pour la garniture
2 c. à soupe de farine
150 ml (2/3 de tasse) de bouillon de poulet
150 ml (2/3 de tasse) de lait de soja
60 ml (1/4 de tasse) de sherry sec
2 c. à thé de moutarde de Dijon
Sel et poivre au goût
1 c. à soupe d'huile de soja
1 c. à soupe de sauce soja faible en sel

Envelopper le tofu dans de l'essuie-tout, le placer sur une planche à découper puis le presser délicatement avec la paume de la main pour en extraire le surplus de liquide. Le couper en tranches d'1 cm (1/2 po) d'épais. Dans une casserole moyenne, faire fondre la margarine à feu modéré. Y mettre l'ail, les champignons et le romarin et les faire sauter 2 minutes, en les remuant quelques fois. Incorporer la farine et cuire 1 minute de plus. Incorporer peu à peu le bouillon, le lait de soja et le sherry. Ajouter la moutarde, le sel et le poivre et cuire jusqu'à ce que la sauce épaississe, 5 minutes environ.

Badigeonner les tranches de tofu d'huile. Les faire dorer dans une grande poêle à frire, à feu modéré, environ 2 minutes de chaque côté. Ajouter la sauce soja et faire cuire jusqu'à ce qu'elle s'évapore, environ 30 secondes de chaque côté, en faisant attention de ne pas brûler le tofu. Placer les tranches sur les assiettes de service, les couvrir de sauce et garnir de romarin.

Pour 4 convives

Tofu grillé à la sauce aux champignons et au romarin

CURRY AUX LÉGUMES ET COUSCOUS AUX HERBES

2 c. à soupe d'huile de soja
150 g (5 oz) de tofu frais ou ferme, égoutté et coupé en cubes de 2 cm (3/4 de po)
1 gros oignon tranché
1 gousse d'ail broyée
150 g (2/3 de tasse) de pâte de curry tikka
500 ml (2 tasses) de bouillon de légumes ou de poulet
600 g (4 tasses) de légumes mélangés et hachés :
carottes, chou-fleur, brocoli, céleri, petites aubergines, citrouille ou courge butternut
300 g (10 oz) de fèves de soja en boîte
10 petits cubes de tofu frit, coupés en deux
125 g (1/2 tasse) de yogourt nature

Couscous aux herbes :
500 ml (2 tasses) de bouillon de légumes ou d'eau
370 g (2 tasses) de couscous instantané
1 c. à soupe de persil et 1 de menthe, finement hachés
2 c. à thé d'huile de soja

Dans une grande casserole, faire chauffer 1 c. à soupe d'huile de soja à feu modéré-doux puis y faire sauter le tofu 2-3 minutes. Retirer le tofu de la casserole. Réduire le feu, ajouter le reste de l'huile et l'oignon et le faire revenir 2 minutes. Ajouter l'ail, la pâte de curry et cuire 1 minute de plus, en remuant constamment. Ajouter le bouillon, les légumes, les fèves de soja et les deux tofus (cubes frais et cubes frits), couvrir et amener à ébullition. Réduire le feu et mijoter jusqu'à ce que les légumes soient tendres, 10 minutes environ. Ajouter le yogourt et bien réchauffer le tout mais sans faire bouillir. Servir le curry avec le couscous.

Couscous : Dans une casserole moyenne, amener le bouillon à ébullition. Retirer du feu, verser le couscous, couvrir et laisser reposer jusqu'à ce que tout le liquide ait été absorbé, 5-10 minutes. Incorporer les herbes et l'huile.

Pour 4 convives

TERIYAKI DE TOFU AUX TOMATES ET AUX OIGNONS VERTS

12 brochettes de bambou trempées dans l'eau
400 g (13 oz) de tofu ferme, égoutté et pressé (voir p. 24)
150 ml (²/₃ de tasse) de sauce soja
150 ml (²/₃ de tasse) de saké à cuire ou vin blanc sec
125 ml (¹/₂ tasse) de mirin ou vin de riz doux
1 ¹/₂ c. à soupe de sucre brut
6 petits oignons verts
12 petites tomates (cerises ou mûries sur plant)
2 petits poivrons, 1 vert et 1 jaune, épépinés et coupés en morceaux d'une bouchée
1 paquet de roquette, cuite à la vapeur

Assécher le tofu avec de l'essuie-tout puis le couper en cubes de 2,5 cm (1 po). Dans un bol moyen, mélanger la sauce soja, le saké, le mirin et le sucre jusqu'à ce que ce dernier soit dissous. Verser la marinade sur le tofu et laisser macérer 1 heure, en retournant le tout à quelques reprises.

Allumer le barbecue.

Couper la partie verte des oignons en morceaux de 4 cm (1 ¹/₂ po) de long. Égoutter le tofu, en réservant la marinade, et l'assécher avec de l'essuie-tout. Enfiler le tofu, les oignons (le blanc et le vert), les tomates et les poivrons sur les brochettes. Badigeonner le tofu de marinade puis le faire griller, 2-3 minutes de chaque côté. Disposer les brochettes sur un lit de roquette et servir.

Pour 4 à 6 convives

VÉGÉ BURGER

1 paquet d'épinards, blanchis et hachés
300 g (10 oz) de fèves de soja en boîte, égouttées
150 g (5 oz) de fromage de chèvre frais, râpé
30 g (³/₄ de tasse comble) de menthe fraîche finement hachée
2 gousses d'ail finement hachées
1 c. à soupe de cumin moulu
1 c. à thé de miso rouge
Sel et poivre au goût
150 g (5 oz) de tofu extra-ferme, râpé
45 g (¹/₄ de tasse) de pois mange-tout coupés en petits dés
45 g (¹/₄ de tasse) de petits dés de poivron vert
1 œuf légèrement battu
60 g (¹/₂ tasse) de flocons de maïs broyés
2 c. à soupe d'huile de soja
8 champignons café
185 g (1 tasse) de tomates-cerises
90 g (3 oz) de jeunes feuilles à salade mélangées

Préchauffer le four à 200 °C (400 °F). Couvrir une plaque de cuisson de papier parchemin.

Égoutter à fond les épinards. Dans le robot, hacher grossièrement les épinards, les fèves de soja, le fromage, la menthe, l'ail, le cumin, le miso, le sel et le poivre. Dans un bol moyen, bien mélanger la purée, le tofu, les pois mange-tout, le poivron et l'œuf. En utilisant 3 c. à soupe du mélange à la fois, façonner des galettes d'environ 7,5 cm (3 po) de diamètre et les passer dans l'œuf battu puis dans les flocons de maïs. Dans une grande poêle à frire, faire chauffer l'huile à feu modéré et y faire dorer les galettes, 3-4 minutes de chaque côté.

Badigeonner légèrement les champignons d'huile. Disposer les champignons et les tomates sur la plaque de cuisson préparée puis les faire rôtir et s'attendrir, 8-10 minutes environ. Servir les galettes et les légumes rôtis sur un lit de salade.

Pour 4 convives

Teriyaki de tofu aux tomates et aux oignons verts

LÉGUMES ET TOFU
AU CURRY VERT THAÏLANDAIS

1 c. à soupe d'huile de soja
2-3 c. à soupe de pâte de curry vert thaïlandais
5 échalotes grises (ou 1 oignon) hachées
600 g (6 tasses) de chair de citrouille ou de courge
butternut coupée en cubes de 2 cm ($^3/_4$ de po)
150 g (5 oz) de tofu frais ou ferme, coupé en cubes
de 2 cm ($^3/_4$ de po)
3 petites aubergines (180 g/6 oz) coupées en petits cubes
550 ml (2 $^1/_4$ tasses) de lait de coco
10 petits cubes de tofu frits
4 feuilles de lime de Kafir finement tranchées
300 g (2 tasses) de fèves de soja fraîches ou surgelées
100 g (3 $^1/_2$ oz) de haricots verts coupés en morceaux
de 2,5 cm (1 po) de long
15 g ($^1/_3$ de tasse) de feuilles de basilic hachées
1 c. à soupe de jus de lime
1 c. à soupe de sauce au poisson
1 c. à thé de sucre de palme ou cassonade

Dans une grande poêle à frire, faire chauffer l'huile à feu moyen puis y faire revenir l'huile et la pâte de curry, 2 minutes environ. Ajouter la chair de citrouille, le tofu, l'aubergine et cuire, en remuant, 2 minutes. Ajouter le lait de coco, le tofu frit et les feuilles de lime et mijoter 10 minutes. Ajouter les fèves de soja et les haricots et mijoter 5 minutes de plus. Ajouter le basilic, le jus de lime, la sauce au poisson et le sucre et mélanger pour dissoudre le sucre. Servir avec du riz cuit à la vapeur et des feuilles de coriandre.

Pour 4 convives

TOFU ET LÉGUMES AU VIN ROUGE

250 g (8 oz) de tofu ferme coupé en cubes
de 2 cm ($^3/_4$ de po)
125 ml ($^1/_2$ tasse) de vin rouge
2 pommes vertes moyennes non pelées
2 c. à soupe d'huile de soja
1 gros oignon espagnol coupé en petites lanières
$^1/_4$ de chou rouge moyen paré et râpé
2 betteraves moyennes, pelées et coupées
en cubes de 2 cm ($^3/_4$ de po)
3 c. à soupe de sauce aux canneberges entières
1 c. à soupe de sauce soja japonaise
8 petites pommes de terre nouvelles (500 g/1 lb), cuites

Faire mariner le tofu dans 60 ml ($^1/_4$ de tasse) de vin rouge pendant 30 minutes, en le retournant quelques fois. Égoutter le tofu, en réservant le vin. Couper les pommes en quartiers d'environ 1 cm (3/8 de po) d'épais. Dans une grande poêle à frire, faire chauffer 1 c. à soupe d'huile à feu modéré puis y faire dorer le tofu. Retirer le tofu et le réserver. Mettre le reste de l'huile dans la poêle et y faire sauter et s'attendrir l'oignon et les pommes. Retirer de la poêle et réserver. Mettre le chou et les betteraves dans la poêle et les faire sauter 3-4 minutes, en les mêlant bien. Remettre le tofu, les pommes et les oignons dans la poêle avec la marinade, le reste du vin rouge, la sauce aux canneberges et la sauce soja. Réduire le feu à modéré-doux, couvrir et laisser mijoter le tout 20 minutes. Enlever le couvercle et mijoter jusqu'à ce que le liquide ait été absorbé et que le chou soit caramélisé (environ 10-15 minutes). Couper les pommes de terre sur le long, les vaporiser d'huile puis les faire dorer sous le gril ou dans une poêle à frire. Servir les légumes avec les pommes de terre.

Pour 4 convives

Légumes et tofu au curry vert thaïlandais

LÉGUMES VERTS ASIATIQUES FRITS AU TEMPEH

Flocons d'ail :
Huile de canola (pour la friture)
3 gousses d'ail émincées

8 champignons shiitake séchés
3 c. à soupe d'huile de soja
150 g (5 oz) de tempeh coupé en allumettes
250 g (8 oz) de tofu ferme, égoutté et coupé en dés
1 oignon moyen coupé en minces lanières
1 gousse d'ail finement hachée
8 châtaignes d'eau émincées
(ou 6 tranches de racine de lotus)
14 épis de maïs miniatures coupés sur le long
3 petits paquets de jeune bok choy, hachés
60 g (1 tasse) de germes de soja (sans les queues)
90 g (1/3 de tasse) de ketjap manis et 1 c. à soupe
de sauce soja légère
1 petit piment rouge, épépiné et finement haché
Échalotes grises frites, pour garnir (facultatif)

Flocons d'ail : Remplir au tiers d'huile une petite poêle à frire ou une casserole et chauffer à 180 °C (350 °F). Faire dorer l'ail, 1 minute environ. L'égoutter sur de l'essuie-tout.

Faire tremper et s'attendrir les champignons en eau tiède, 20 minutes environ. Presser les champignons pour en enlever l'eau, éliminer les pieds et émincer les chapeaux. Dans un wok ou une poêle à frire, faire chauffer 2 c. à soupe d'huile à feu modéré-vif puis y faire dorer le tempeh et le tofu, 3-4 minutes environ. Retirer et égoutter sur de l'essuie-tout. Mettre le reste de l'huile dans la poêle et y faire frire et s'attendrir l'oignon et l'ail. Ajouter le tempeh, le tofu, les châtaignes d'eau, le maïs, le bok choy et les germes de soja et faire frire le tout 3 minutes environ. Incorporer le ketjap manis et le piment et cuire 2 minutes de plus. Garnir le plat avec les flocons d'ail et les échalotes et servir sur du riz au jasmin.

Pour 4 convives

BOULETTES DE SOJA AUX ÉPINARDS

75 g (1/2 tasse) de fèves de soja fraîches ou surgelées
150 g (5 oz) d'épinards lavés, hachés et blanchis
300 g (10 oz) de tofu ferme, égoutté
75 g (1/2 tasse) de tomates séchées et conservées dans l'huile,
égouttées puis finement hachées
75 g (1 tasse) de chapelure de pain au soja et au lin
2 c. à soupe de persil finement haché
30 g (1/4 de tasse) de parmesan râpé
4 c. à thé de jus de citron
1 œuf légèrement battu
40 g (1/4 de tasse) de pignons rôtis et grossièrement hachés
3 oignons verts émincés
Sel et poivre au goût
Pesto au miso (voir p. 50)

Faire cuire les fèves de soja en eau bouillante 2 minutes. Égoutter les fèves et les passer sous l'eau froide. Dans le robot, mélanger les fèves et les autres ingrédients et hacher grossièrement le tout. Façonner chaque boulette avec environ 2 c. à soupe du mélange et placer celles-ci à mesure dans un panier à étuver couvert de papier parchemin. Faire cuire les boulettes à la vapeur et à l'étouffée dans un couscoussier, 8-10 minutes. Servir avec le pesto au miso.

Pour 4 à 6 convives (environ 32 boulettes)

Légumes verts asiatiques frits au tempeh

EMPILADE DE LÉGUMES RÔTIS ET DE RIZ AUX HERBES

20 g (¹/3 de tasse) de germes de soja

220 g (1 tasse) de riz à grains longs

375 ml (1 ¹/2 tasse) d'eau

1 c. à soupe de persil finement haché

¹/2 c. à thé d'huile de sésame

2 ¹/2 c. à soupe d'huile de soja

2 courgettes moyennes, coupées en deux puis en tranches de 5 mm (¹/4 de po)

1 petite aubergine (250 g/¹/2 lb) coupée en tranches fines (sur le long) de 5 mm (¹/4 de po)

1 petite patate sucrée, pelée, coupée en deux puis en tranches fines (sur le long) de 5 mm (¹/4 de po)

1 poivron rouge, épépiné et coupé en quartiers

¹/4 de c. à thé de sel

300 g (10 oz) de tempeh

1 c. à soupe de ketjap manis

Faire cuire les germes de soja dans de l'eau bouillante salée 2 minutes. Les égoutter et rincer à l'eau froide puis hacher grossièrement. Dans une casserole moyenne, mélanger le riz et l'eau. Amener à ébullition, réduire le feu, couvrir et mijoter 12 minutes. Retirer du feu, incorporer les germes de soja et le persil, couvrir et laisser reposer 10 minutes.

Mélanger l'huile de sésame avec 1 c. à soupe d'huile et en badigeonner les légumes tranchés. Faire chauffer une grande poêle à frire (ou un plat à griller) à feu modéré puis y faire frire (ou griller) et s'attendrir les légumes en plusieurs temps. Garder les légumes, excepté le poivron, à four doux. Dans le robot, réduire le poivron en purée avec 1 c. à soupe d'huile et le sel. Réserver.

Couper le tempeh en 4 morceaux puis couper chacun des morceaux horizontalement en 3 tranches. Badigeonner les tranches de tempeh de ketjap manis. Dans une poêle à frire, faire chauffer ¹/2 c. à soupe d'huile à feu modéré et faire dorer le tempeh, 1 minute environ de chaque côté.

Montage du plat : Placer une tranche de tempeh dans chaque assiette. Presser 30 g (¹/4 de tasse) du mélange de riz dans un petit moule à fond plat ou une tasse à café d'environ 5 cm (2 po) de diamètre. Démouler le mélange sur la tranche de tempeh. Placer 1 tranche de chacun des légumes par-dessus. Mettre une autre couche de riz, de tempeh, puis de légumes. Garnir le tout de purée de poivron et servir.

Pour 4 convives

Truc : Pour donner plus de couleurs et de saveur à ce plat, on peut utiliser un mélange de riz : riz sauvage, riz brun, riz au jasmin, etc.

Empilade de légumes rôtis et de riz aux herbes

NACHOS AUX FÈVES DE SOJA ET GUACAMOLE AU TOFU

Guacamole :
125 g (4 oz) de tofu velouté, égoutté
2 c. à thé de miso blanc (shiro)
1 avocat pelé, la chair coupée en dés
4 c. à thé de vinaigre blanc
1 petite gousse d'ail finement hachée
1 1/2 c. à soupe de jus de citron
Sel et poivre au goût

Sauce :
2 c. à thé d'huile de soja
1 oignon espagnol moyen coupé en petits dés
1 gousse d'ail finement hachée
875 g (28 oz) de tomates en boîte hachées
3 c. à soupe de sauce Worcestershire
3 c. à soupe de pâte de tomate
1 c. à thé de sucre
1/2 c. à thé de sel
1 poivron vert, épépiné et haché
2 piments longs verts, épépinés et très finement hachés
300 g (10 oz) de fèves de soja en boîte, égouttées
2 c. à soupe d'origan frais finement haché
10 g (1/4 de tasse) de basilic finement haché
250 g (8 oz) de croustilles au maïs

Dans une grande casserole, faire chauffer l'huile à feu modéré puis y faire sauter et s'attendrir l'ail et l'oignon 3-4 minutes. Réduire le feu et ajouter les tomates, la sauce Worcestershire, la pâte de tomate, le sucre, le sel, le poivron, les piments, les fèves et les herbes. Mijoter à l'étouffée 10 minutes, en ajoutant de l'eau au besoin. Servir sur les croustilles avec le guacamole.

Guacamole : Dans le robot, réduire le tofu en purée lisse. Dans un petit bol, bien mélanger 2 c. à soupe de tofu avec le miso. Mettre le mélange dans le robot avec les autres ingrédients et bien mélanger le tout 20-30 secondes.

Pour 4 convives

RISOTTO À LA CITROUILLE ET AUX FÈVES DE SOJA

150 g (1 tasse) de fèves de soja fraîches ou surgelées
1 litre (4 tasses) de bouillon de légumes ou de poulet
2 c. à soupe d'huile de soja
1 oignon espagnol rouge coupé en deux et finement tranché
2 gousses d'ail finement hachées
375 g (12 oz) de chair de citouille ou de courge butternut coupée en cubes de 2 cm (3/4 de po) (3 tasses environ)
450 g (2 tasses) de riz arborio
250 ml (1 tasse) de vin blanc sec
Poivre au goût
45 g (1/3 de tasse) de parmesan râpé
2 c. à soupe de ciboulette hachée

Faire cuire les fèves de soja en eau bouillante 2 minutes. Égoutter et réserver. Dans une casserole moyenne, amener le bouillon à ébullition. Dans une grande casserole, faire chauffer l'huile à feu modéré puis y faire revenir et s'attendrir l'ail et l'oignon 2-3 minutes. Ajouter la chair de citrouille et cuire 5 minutes. Ajouter ensuite le riz et cuire 2-3 minutes. Incorporer le vin et mijoter jusqu'à ce que presque tout le liquide ait été absorbé. Ajouter le bouillon chaud, 1/2 tasse à la fois, en remuant chaque fois le mélange jusqu'à ce que le liquide soit absorbé et que le riz soit cuit *al dente*, 20-25 minutes environ. Incorporer les fèves de soja durant les 5 dernières minutes de cuisson. Servir avec le parmesan et la ciboulette.

Pour 4 convives

Risotto à la citrouille et aux fèves de soja

Légumes grillés à la marocaine

300 g (10 oz) de tofu ferme ou ferme velouté, égoutté
90 ml (1/3 de tasse) d'huile de soja
3 c. à soupe de jus de citron
6 grosses tomates coupées en morceaux
6 gousses d'ail pelées
1 gros oignon espagnol coupé en morceaux
1 grosse courgette coupée en biseau en tranches d'1 cm
(1/2 po) d'épais
1 gros poivron rouge, épépiné et émincé
4 petites aubergines japonaises coupées en biseau en tranches
d'1 cm (1/2 po) d'épais
10 g (1/4 de tasse) de persil haché

Sauce :
300 g (10 oz) de fèves de soja en boîte, égouttées
180 ml (3/4 de tasse) de bouillon de légumes ou de poulet
1 c. à soupe de pâte de tomate
1 1/4 c. à thé de cannelle moulue
3/4 de c. à thé de cumin moulu
3/4 de c. à thé de coriandre moulue
1/4 de c. à thé de curcuma
1/4 de c. à thé de paprika fort
1 c. à soupe d'écorce de citron confit, rincée
puis finement hachée

Couper le tofu en bandes de 2 cm (3/4 de po) d'épais. Dans un bol peu profond, mélanger 2 c. à soupe de jus de citron et 3 c. à soupe d'huile. Ajouter le tofu et laisser mariner 20 minutes, en retournant le tofu quelques fois. Égoutter.

Préchauffer le four à 180 °C (350 °F) et couvrir une plaque de cuisson de papier parchemin. Mettre les tomates et l'ail sur la plaque et faire cuire 35 minutes. Entre-temps, badigeonner légèrement l'oignon, la courgette, le poivron et l'aubergine avec le reste de l'huile. Placer les légumes et le tofu sur la plaque de cuisson et faire cuire 20 minutes. Dans le robot de cuisine, mélanger les fèves de soja, le reste

Légumes grillés à la marocaine

du jus de citron, le bouillon, la pâte de tomate et les épices et réduire en purée lisse. Verser cette purée dans une casserole, ajouter le citron confit et faire chauffer. Servir les légumes avec la sauce et garnir le tout de persil.

Pour 4 convives

Boulettes de risotto

600 g (4 tasses) de risotto cuit et refroidi
Farine (à saupoudrer)
Huile de canola pour la friture

Façonner le risotto en boulettes d'une bouchée puis enrober légèrement celles-ci de farine. Remplir au tiers d'huile un wok ou une grande poêle à frire et faire chauffer à 180 °C (350 °F). Faire frire et dorer les boulettes en plusieurs temps, 2-3 minutes chaque fois. Égoutter les boulettes sur de l'essuie-tout et servir comme amuse-gueule ou avec une salade verte.

Donne environ 24 boulettes

Truc : Voici une bonne façon de se servir d'un reste de risotto. Si on se sert d'un risotto à la citrouille, couper celle-ci en petits morceaux.

POLENTA AUX FÈVES DE SOJA À LA SAUCE TOMATE

1 c. à soupe d'huile de soja (et plus pour badigeonner)
1 oignon moyen haché
1 gousse d'ail broyée
1 litre (4 tasses) de bouillon de légumes ou
de poulet
150 g (1 tasse) de farine de maïs
150 g (1 tasse) de fèves de soja fraîches ou surgelées
2 c. à soupe de parmesan râpé (pour garnir)

Sauce tomate :
500 g (16 oz) de tomates italiennes ou mûries sur pied (ou
400 g/13 oz de tomates en boîte)
2 c. à soupe d'huile de soja
1 gousse d'ail finement hachée
1 petit oignon coupé en dés
1 petite aubergine japonaise coupée en dés
3 c. à soupe de pâte de tomate
2 c. à thé de vinaigre balsamique
1/2 c. à thé de sucre
1/4 de c. à thé de sel
2 c. à soupe de persil finement haché
2 c. à soupe de basilic finement haché
1 c. à soupe de thym frais finement haché

Dans une grande casserole, faire chauffer 1 c. à soupe d'huile à feu modéré puis y faire revenir l'ail et l'oignon 3-4 minutes. Ajouter le bouillon et amener à ébullition à feu vif. Jeter la farine de maïs en pluie dans le bouillon et tourner constamment avec une cuiller de bois. Réduire le feu à modéré-doux et mijoter, en remuant à quelques reprises, 20 minutes environ. Ajouter les fèves de soja et poursuivre la cuisson jusqu'à ce que les fèves soient bien tendres et la polenta épaisse et crémeuse, 10 minutes environ. Étendre la polenta dans un plat pyrex de 20 x 30 cm (9 x 12 po) légèrement graissé. Couvrir et faire prendre au réfrigérateur.

Sauce : Si on utilise des tomates fraîches, porter une casserole d'eau à ébullition. Inciser la base de chacune des tomates et blanchir celles-ci 30-40 secondes. Égoutter les tomates, les passer à l'eau froide puis les peler. Couper les tomates en deux, les épépiner et hacher grossièrement. Dans une casserole moyenne, faire chauffer l'huile à feu modéré et y faire revenir et s'attendrir l'ail, l'oignon et l'aubergine, 5 minutes environ. Réduire le feu, ajouter le reste des ingrédients (sauf le parmesan) et mijoter jusqu'à ce que les tomates soient tendres, 5-8 minutes environ. Réduire le tout en purée dans le robot de cuisine. Réserver au chaud.

Couper la polenta en 12 morceaux et badigeonner ceux-ci d'huile. Dans une grande poêle à frire, les faire dorer, 1 minute environ de chaque côté. Servir avec la sauce tomate et le parmesan.

Pour 4 convives

Variantes :
- Faire frire et dorer des tranches de tofu puis les servir garnies de sauce tomate.
- Faire frire du tofu coupé en dés et l'incorporer à des pâtes de soja cuites. Servir avec la sauce tomate.

Truc : Pour une sauce plus claire, ajouter 60 ml (1/4 de tasse) de bouillon, de vin ou d'eau à la sauce tomate.

Polenta aux fèves de soja à la sauce tomate

PÂTES DE SOJA AU CHERMOULA ET AU TOFU

Chermoula :
2 c. à soupe d'écorce de citron confit, rincée et hachée
30 g (¹/₃ de tasse) de coriandre fraîche hachée
30 g (¹/₃ de tasse comble) de persil plat
60 ml (¹/₄ de tasse) d'huile d'olive ou de soja
2 c. à soupe de jus de citron
2 petits piments rouges, épépinés et finement hachés
2 gousses d'ail finement hachées
2 c. à thé de cumin moulu
1 c. à thé de paprika doux
1 c. à thé de coriandre moulue
¹/₂ c. à thé de sel

600 g (20 oz) de tofu ferme, égoutté, pressé (voir p. 24) et
coupé en cubes de 2,5 cm (1 po)
250 g (8 oz) de pâtes de soja spiralées
2 c. à soupe d'huile de soja
5 tomates moyennes, pelées, épépinées et coupées en dés
2 c. à soupe de persil finement haché (pour garnir)

Chermoula : Dans le robot, mélanger tous les ingrédients indiqués et hacher grossièrement le tout.

Dans un grand bol, incorporer délicatement le tofu à la moitié du chermoula. Bien mélanger. Couvrir et mettre au réfrigérateur pendant au moins 30 minutes.

Dans une grande casserole remplie d'eau bouillante, faire cuire les pâtes *al dente*, 8-10 minutes. Égoutter les pâtes et les mélanger avec le reste du chermoula et les tomates. Placer les cubes de tofu, sortis du réfrigérateur, dans un plat à griller légèrement huilé et les faire griller 2-3 minutes de chaque côté. Répartir les pâtes dans 4 assiettes ou bols puis les garnir de cubes de tofu et de persil.

Pour 4 convives

POMMES DE TERRE AU FOUR AU FROMAGE À LA CRÈME AUX HERBES

4 grosses pommes de terre russett non pelées, brossées
1 gousse d'ail finement hachée
4 c. à thé de miso rouge
2 c. à soupe de margarine de soja
2 branches de céleri finement hachées
100-125 ml (¹/₃ à ¹/₂ tasse) de lait de soja
12 tomates cerises coupées en deux
Huile végétale en aérosol
90 g (3 oz) de jeunes feuilles de salade

Fromage à la crème aux herbes :
125 g (¹/₂ tasse) de fromage à la crème au soja
2 c. à soupe de sauge, thym, persil hachées finement
1 c. à soupe de jus de citron
2 c. à thé de poivre frais moulu

Cuire les pommes de terre à la vapeur, 8-10 minutes. Vider les pommes de terre de leur pulpe et réduire celle-ci en purée, en réservant les peaux. Dans une tasse, mélanger le miso et assez de lait pour en faire une pâte lisse. Ajouter ce mélange à la pulpe avec la margarine, le céleri et assez de lait pour obtenir un mélange crémeux. Farcir les peaux de pommes de terre de ce mélange. Placer les peaux farcies sur une plaque de cuisson légèrement huilée avec les tomates, les vaporiser d'huile puis les faire cuire et dorer au four à 200 °C (400 °F), 10-15 minutes.

Fromage à la crème : Dans un petit bol, bien mélanger tous les ingrédients indiqués. Servir les pommes de terre avec le fromage à la crème, les tomates rôties et les jeunes feuilles de salade.

Pour 4 convives

Pâtes de soja au chermoula et au tofu

Poissons et fruits de mer

ESPADON GRILLÉ ET TOFU CRÉMEUX À LA LIME ET À L'AVOCAT

Tofu crémeux:

125 g (4 oz) de tofu velouté, égoutté
2 c. à thé de miso blanc (shiro)
1 avocat pelé, dénoyauté et coupé en dés
4 c. à thé de vinaigre blanc
1 petite gousse d'ail finement hachée
1 1/2 c. à soupe de jus de lime
1 c. à thé de chacune des herbes suivantes :
persil, ciboulette, menthe
Sel et poivre

Espadon:

60 ml (1/4 de tasse) d'huile de soja
1 gousse d'ail broyée
8 tranches de pain turc ou ciabatta
4 darnes d'espadon
60 g (1 tasse) de germes de soja (sans les queues)
1 c. à soupe de sauce tamari

Tofu crémeux : Dans le robot, réduire le tofu en purée lisse. Dans une tasse, bien mélanger 2 c. à soupe de tofu et le miso. Remettre le mélange dans le robot avec les autres ingrédients indiqués et bien mélanger le tout, 20-30 secondes. Couvrir et réserver.

Dans un petit bol, mélanger l'huile et l'ail. Badigeonner légèrement les tranches de pain de ce mélange. Préchauffer une plaque de cuisson ou une poêle à frire huilée à feu modéré-vif. Y faire griller les tranches de pain jusqu'à ce qu'elles brunissent, environ 2-3 minutes de chaque côté. Mélanger la sauce tamari et le reste de l'huile et en badigeonner le poisson. Cuire et dorer les darnes de poisson à feu modéré-vif, 2-3 minutes environ de chaque côté. Retirer du feu.

Faire frire et s'attendrir les germes de soja à la poêle, 1-2 minutes. Servir aussitôt avec le pain et le tofu crémeux.

Donne environ 375 ml (1 1/2 tasse) de tofu;
pour 4 convives

Variantes :

- Servir le tofu crémeux comme trempette avec des Craquelins au sésame (voir p. 37) et des bâtonnets de légumes crus.
- On peut aussi s'en servir comme garniture pour les sandwiches, les crêpes, les tacos et les enchiladas.
- Couper l'extrémité de pommes de terre entières cuites au four ou bouillies et servir celles-ci garnies de tofu crémeux auquel on aura incorporé de la chair de crabe.
- Pour le rendre plus piquant, on peut ajouter de la pâte de wasabi et du piment finement haché au tofu.

Espadon grillé et tofu crémeux à la lime et à l'avocat

ROUGETS ENTIERS À LA SAUCE AU MISO ET AUX TAMARINS

1 morceau de 5 cm (2 po) de pulpe de tamarin
125 ml (1/2 tasse) d'eau chaude
2-3 c. à soupe de miso rouge
2 c. à soupe de sucre de palme ou de cassonade
2 c. à soupe de vin chao xing
2 gousses d'ail finement hachées
1 c. à thé de gingembre frais râpé
1 tige de citronnelle, le blanc seulement, pelé
2 rougets entiers (d'environ 750 g/1 1/2 lb chaque), nettoyés
2 oignons verts coupés en biseau en longueur de 2,5 cm (1 po)
2 piments rouges moyens, épépinés et tranchés
2 c. à soupe de coriandre fraîche hachée (facultatif)

Dans un petit bol, mélanger le tamarin et l'eau chaude et laisser reposer 10 minutes. En exprimer le jus au-dessus d'un petit bol, en pressant la pulpe avec le dos d'une cuiller. Bien mélanger le jus de tamarin, le miso, le sucre, le vin, l'ail et le gingembre. Réserver.

Couper la tige de citronnelle en longueurs de 10 cm (4 po). Couper celles-ci en deux sur le long et en farcir les poissons. Faire trois incisions en biseau sur chaque côté des poissons. Placer chaque poisson sur un carré de papier-parchemin. Couvrir chaque côté des poissons de la moitié du mélange au miso, parsemer d'oignon et de piment et replier hermétiquement le papier parchemin sur les poissons (comme une papillote). Laisser mariner les poissons au réfrigérateur 1-2 heures en les retournant à quelques reprises.

Faire cuire rapidement à la vapeur et à l'étouffée dans un coucoussier, 15 minutes environ. Défaire les papillotes, mettre les poissons sur un plat de service. Arroser les poissons avec le jus de cuisson et les garnir de coriandre avant de servir.

Pour 4 convives

PETITS POULPES À LA SAUCE TERIYAKI ET AUX PÊCHES

500 g (1 lb) de petits poulpes, nettoyés
60 ml (1/4 de tasse) de sauce teriyaki
3 c. à soupe de mirin
1 c. à soupe de miso rouge
1 gousse d'ail finement hachée
1 c. à thé de cassonade bien tassée
1 c. à thé de gingembre frais râpé
1 petit piment rouge, épépiné et finement haché
2 c. à soupe d'huile de soja
1 oignon rouge coupé en fines lanières
2 pêches, pelées et coupées en tranches épaisses
2 c. à soupe de menthe finement hachée
90 g (3 oz) de jeunes épinards, lavés et séchés
125 g (2 tasses) de germes de soja, blanchis

Couper les poulpes en deux s'ils sont trop gros. Dans un grand bol, mélanger la sauce teriyaki, le mirin, le miso, l'ail, le sucre, le gingembre et le piment. Bien mélanger les poulpes et la sauce. Couvrir et laisser mariner au réfrigérateur 2 heures. Égoutter ensuite les poulpes, en réservant la marinade.

Dans une grande poêle à frire, faire chauffer l'huile à feu modéré puis y faire revenir l'oignon 2 minutes. Ajouter les pêches et cuire 2 minutes de plus. Retirer l'oignon et les pêches de la poêle et les garder au chaud. Ajouter de l'huile au besoin et faire cuire et s'attendrir les poulpes avec la marinade, 3-4 minutes. Mélanger les poulpes, l'oignon, les pêches et la menthe et les servir sur les épinards et les germes de soja.

Pour 4 convives

Rougets entiers à la sauce au miso et aux tamarins

CREVETTES ET TOFU GRILLÉS

12 brochettes de bambou, préalablement trempées dans l'eau
puis égouttées
300 g (10 oz) de tofu ferme, égoutté puis pressé (voir p. 24)
24 crevettes géantes décortiquées et déveinées
1 gousse d'ail finement hachée
2 c. à soupe de sauce soja
2 c. à thé de vinaigre de riz
1/4 de c. à thé d'huile de sésame
1 c. à thé de gingembre frais râpé
6 oignons verts coupés en longueur de 2,5 cm (1 po)
Poivre de Sichouan moulu au goût

Allumer le barbecue.

Couper le tofu en cubes de 2 cm (3/4 de po) et le mettre dans un grand bol peu profond avec les crevettes. Dans un autre bol, mélanger l'ail, la sauce soja, le vinaigre, l'huile de sésame et le gingembre et verser le mélange sur le tofu et les crevettes. Laisser mariner 20 minutes en retournant le tout quelques fois. Égoutter en réservant la marinade. Enfiler les cubes de tofu, les crevettes et les échalotes sur les brochettes. Faire griller sur le barbecue en badigeonnant les brochettes avec de la marinade, jusqu'à ce que les crevettes soient uniformément roses, 3 minutes de chaque côté environ. Poivrer les brochettes au goût. Servir sur un lit de nouilles udon ou hokkien parfumées aux herbes et au jus de citron.

Pour 4 à 6 convives

ROULEAUX DE PRINTEMPS YUBA

2 c. à soupe d'huile de soja
1 pomme verte moyenne non pelée et grossièrement râpée
1 poireau moyen, le blanc seulement, nettoyé et émincé
3/4 de c. à thé de cumin, coriandre, curcuma moulus
1 c. à thé de miso rouge diluée dans 1 c. à thé d'eau
1 carotte moyenne râpée
1 poivron vert, épépiné et émincé
150 g (5 oz) de tofu extra-ferme,
égoutté puis grossièrement haché
16 feuilles de yuba de 18 x 20 cm (7 x 8 po)
Sel et poivre au goût
1 blanc d'œuf légèrement battu
Huile de canola pour la friture
60 g (1/4 de tasse) de chutney aux mangues (pour servir)

Dans une grande poêle à frire, faire chauffer l'huile à feu modéré et y faire revenir la pomme et le poireau, 3-4 minutes. Ajouter les épices et cuire 2 minutes de plus. Retirer la poêle du feu, incorporer le miso dilué et laisser refroidir quelques minutes. Ajouter les autres légumes et le tofu et bien mêler.

Faire tremper une feuille de yuba dans un bol d'eau tiède pendant 20-30 secondes puis l'étendre sur un linge propre ou de l'essuie-tout et l'assécher. Étendre 2 c. à soupe du mélange au tofu le long de la feuille de yuba, en laissant une marge de 2,5 cm (1 po) de chaque côté. Replier les côtés de la feuille sur la garniture puis rouler le tout en le fermant bien. Badigeonner l'extrémité ouverte du rouleau avec le blanc d'œuf pour le sceller.

Remplir au tiers d'huile un wok ou une grande poêle à frire et la faire chauffer à 185 °C (365 °F). Faire frire et dorer les rouleaux quelques-uns à la fois, 2-3 minutes de chaque côté. Servir aussitôt avec le chutney.

Pour 4 convives

Crevettes et tofu grillés

Légumes

HARICOTS VERTS AU MISO ET AU CITRON

2 c. à soupe de miso blanc (shiro)
2 c. à soupe de mirin ou vin blanc doux
1/2 c. à thé de moutarde forte
1/2 c. à thé de zeste de citron râpé
250 g (8 oz) de haricots verts, parés et coupés en deux
2 oignons verts, le vert seulement, coupés en biseau en
morceaux de 2 cm (3/4 de po) de long

Mélanger le miso, le mirin, la moutarde et le zeste. Amener une casserole moyenne remplie d'eau à ébullition puis y faire cuire les haricots 3-4 minutes, pas plus, de manière à ce qu'ils restent croquants. (Au micro-ondes : mettre les haricots dans un contenant fermé avec 1 c. à soupe d'eau et les cuire à vif, 2-3 minutes.) Si on sert les haricots froids, on peut les plonger en eau froide pour en arrêter la cuisson. Bien mélanger les haricots et la sauce au miso. Servir cette salade froide ou chaude et garnie d'oignon.

Pour 4 convives

PETITES AUBERGINES
À LA PÂTE AU MISO ET AUX PRUNES

4-8 mini aubergines (pour un total de 500 g/16 oz)
2 c. à soupe d'huile de soja

Pâte au miso et aux prunes :
2 c. à thé de miso blanc (shiro)
4 prunes umeboshi dénoyautées
(ou 3 c. à thé de pâte umeboshi)
1 1/2 c. à soupe de mirin ou de vin blanc doux

Pâte : Dans un petit bol, bien mélanger tous les ingrédients.

Haricots verts au miso et au citron

Préchauffer le gril du four. Couper les aubergines en deux sur le long et les placer sur un plat à rôtir. Badigeonner les aubergines d'huile et les faire griller 2-3 minutes de chaque côté. Étendre la pâte sur les aubergines, les remettre sous le gril et les cuire jusqu'à ce que la pâte commence à faire des bulles, 1-2 minutes. Servir aussitôt sur un lit de feuilles de salade mélangées comme repas léger ou entrée, ou comme plat d'accompagnement avec du bœuf ou du poulet grillé.

CHOU-FLEUR GRATINÉ

1-2 tranches de pain au soja et au lin, déchiquetées
1 c. à soupe de margarine de soja
1 c. à soupe de persil finement haché
1 c. à soupe de ciboulette finement hachée
400 g (13 oz) de chou-fleur coupé en morceaux d'une bouchée
250 g (1 tasse) de fromage à la crème de soja
1 c. à soupe de miso blanc (shiro)

Préchauffer le gril du four. Mettre le pain dans le robot et le réduire en chapelure grossière. Dans une petite casserole, faire fondre la margarine à feu modéré, y mettre la chapelure et la faire revenir jusqu'à ce qu'elle soit dorée et croquante. Placer dans un bol et mélanger avec les herbes. Dans un petit bol, bien mélanger le fromage à la crème et le miso. Dans une casserole d'eau bouillante, faire cuire et s'attendrir le chou-fleur à l'étouffée, 3-4 minutes, pas plus. Égoutter le chou-fleur, le mettre dans un plat pyrex puis y ajouter le mélange de fromage et de miso. Mélanger délicatement le tout. Saupoudrer de chapelure et passer sous le gril jusqu'à ce que le fromage soit fondu, 2-3 minutes environ.

Pour 4 convives

ESTOUFFADE DE LÉGUMES AU SOJA ET AU GINGEMBRE

1 oignon coupé en minces lanières
3 petits bok choy blancs, lavés et grossièrement hachés
3 petits bok choy verts, lavés et grossièrement hachés
1 jicama moyen, pelé et émincé
(ou 1 boîte (220 g/7 oz) de châtaignes d'eau, égouttées)
2 c. à soupe de sauce soja japonaise
1 c. à thé de gingembre frais râpé
60 g (1 tasse) de germes de soja

Dans une grande poêle à frire ou un wok, mélanger tous les ingrédients, couvrir et cuire à feu modéré-doux 3-4 minutes, en remuant la poêle à quelques reprises. Les légumes doivent être tendres mais rester croquants. Servir aussitôt.

Pour 4 convives

Variantes :
- On peut remplacer le bok choy par du brocoli chinois (gai lon), du chou fleuri chinois (choy sum) ou du tat soi.
- On peut aussi remplacer la sauce soja par des fèves noires fermentées (rincées).

BROCOLI À L'ORANGE ET AUX NOIX DE MACADAMIA

400 g (13 oz) de brocoli, coupé en morceaux d'une bouchée
1 c. à soupe de jus d'orange
3/4 de c. à thé de gingembre frais râpé
1 c. à soupe de sauce soja
1 c. à soupe de mirin
1 c. à thé de zeste d'orange râpé
75 g (1/2 tasse) de noix de macadamia grillées et grossièrement hachées

Dans une grande poêle à frire, mélanger le brocoli, le jus d'orange, la sauce soja, le mirin et le zeste d'orange. Amener à ébullition. Réduire le feu à moyen-doux, couvrir et cuire 3 minutes. Retirer le couvercle et cuire jusqu'à ce que le brocoli soit tendre tout en restant croquant, 1-2 minutes. Garnir de noix hachées et servir aussitôt.

Pour 4 convives

TOFU FRIT AUX LÉGUMES

400 g (13 oz) de tofu ferme, égoutté et pressé (voir p. 24)
Huile de canola pour la friture
3 c. à soupe de bouillon de légumes ou de poulet
3 c. à soupe de mirin ou vin blanc doux
2 c. à soupe de sauce soja japonaise
1/4 de c. à thé de sucre
1/2 c. à thé d'huile de sésame
1/2 c. à thé de gingembre frais râpé
1 grosse carotte coupée en julienne
1/2 petit poivron vert, épépiné et coupé en julienne
1/2 petit poivron rouge, épépiné et coupé en julienne
1 oignon rouge moyen coupé en minces lanières
Brins de cresson pour garnir

Couper le tofu en cubes de 3 cm (1 1/2 po) et les assécher sur de l'essuie-tout. Remplir au tiers d'huile un wok ou une grande poêle à frire et faire chauffer à 185 °C (365 °F). Faire frire le tofu 3-4 minutes, en le retournant quelques fois. Égoutter sur de l'essuie-tout. Dans une casserole moyenne, mélanger le bouillon, le mirin, la sauce soja, le sucre, l'huile de sésame et le gingembre. Amener à ébullition, ajouter les légumes et mijoter 1 minute. Mélanger le tofu, les légumes et la sauce, garnir de cresson et servir aussitôt.

Pour 4 convives

Tofu frit aux légumes

Purée d'ail rôti, de panais et de fèves de soja

3 gousses d'ail non pelées
5 panais moyens, pelés et hachés
125 ml (1/2 tasse) de lait de soja
220 g (1 tasse) de fèves de soja fraîches ou surgelées
1-2 c. à soupe de margarine de soja
Sel et poivre noir au goût

Préchauffer le four à 200 °C (400 °F). Faire cuire et s'attendrir l'ail sur une plaque de four, 40 minutes environ. (On peut aussi faire sauter les gousses d'ail dans une petite poêle 15 minutes, à feu modéré-doux, en les retournant souvent pour les empêcher de brûler.) Quand les gousses sont tendres, les laisser refroidir puis extraire la pulpe des peaux avec une fourchette. Cuire les panais à la vapeur ou en eau bouillante 4-5 minutes. Égoutter puis réduire les panais et l'ail en purée avec le lait. Faire cuire les fèves de soja en eau bouillante, 2 minutes. Les égoutter. Remettre la purée dans la casserole, y incorporer les fèves de soja, la margarine de soja, le sel et le poivre. Mijoter jusqu'à ce que le tout soit bien chaud et servir aussitôt.

Pour 4 convives

Tofu aigre-doux

125 ml (1/2 tasse) de mirin ou vin blanc doux
60 ml (1/4 de tasse) de sauce soja japonaise
60 g (1/4 de tasse) de sucre blanc
90 ml (1/3 de tasse) de vinaigre de riz
500 g (1 lb) de tofu ferme, égoutté et pressé (voir p. 24)
2 c. à soupe d'huile de soja
1 carotte moyenne coupée en julienne
90 g (1 1/2 tasse) de brocoli coupé
en morceaux d'une bouchée
90 g (3 oz) de pois mange-tout coupés en biseau
90 g (3 oz) de haricots verts, parés et coupés
en morceaux de 5 cm (2 po)
1 petit poivron rouge, épépiné et tranché
4 oignons verts coupés en biseau en morceaux de 5 cm (2 po)
1 c. à soupe de fécule de maïs délayée dans
1 1/2 c. à soupe d'eau

Dans un petit bol, mélanger le mirin, la sauce soja, le sucre et le vinaigre. Bien dissoudre le sucre. Couper le tofu en cubes de 2 cm (3/4 de po), placer ceux-ci dans un grand bol peu profond et les couvrir de marinade. Laisser reposer ou réfrigérer 15 minutes, en retournant le tofu à quelques reprises. Égoutter le tofu en réservant la marinade. Dans une grande poêle à frire, faire chauffer la moitié de l'huile et faire frire le tofu 1-2 minutes de chaque côté. Égoutter sur un essuie-tout et garder tiède. Dans la même poêle, ajouter le reste de l'huile et y faire sauter les légumes 2 minutes, en remuant quelques fois. Ajouter la marinade réservée et cuire 2 minutes de plus. Délayer la fécule dans un peu du liquide de cuisson puis remettre celle-ci dans la poêle. Cuire jusqu'à ce que la sauce épaississe. Incorporer le tofu au plat et servir.

Pour 4 convives

Tofu aigre-doux

Salades

SALADE AUX FÈVES DE SOJA VITE FAITE

Vinaigrette :
60 g (¹/₂ tasse) de miso blanc (shiro)
3 c. à soupe de vinaigre de riz
2 c. à thé de tahini
60 ml (¹/₄ de tasse) d'eau

Salade :
1 c. à thé de sucre
60 g (1 tasse) de germes de soja
450 g (2 tasses) de fèves de soja en boîte, rincées et égouttées
2 branches de céleri finement hachées
6 radis rouges émincés
1 petit poivron rouge, épépiné et émincé
3 oignons verts émincés
10 g (¹/₄ de tasse) de persil finement haché

Vinaigrette : Mettre tous les ingrédients dans un pot hermétique et bien brasser le tout. Réserver.

Faire cuire les germes de soja dans l'eau bouillante 2 minutes puis les égoutter et rincer sous l'eau froide pour en arrêter la cuisson. Les égoutter puis assécher sur de l'essuie-tout. Mélanger les germes de soja et les autres ingrédients et arroser de vinaigrette.

Pour 4 convives

Variante : Farcir de cette salade des pochettes de tofu frit qu'on scelle ensuite chacune avec un cure-dent.

Variante pour la vinaigrette : La faire à partir d'1 c. à soupe de tahini, 3 c. à soupe de jus de citron et 1 c. à thé de miso.

Salade aux fèves de soja vite faite

SALADE AU CURRY ROUGE THAÏLANDAIS

Vinaigrette :
2 c. à soupe d'huile d'arachides
1 c. à soupe de sauce au poisson
1 c. à soupe de sucre de palme
¹/₄ de c. à thé d'huile de sésame
1 c. à thé de zeste de lime râpé
4 c. à thé de jus de lime frais

400 g (13 oz) de tofu ferme, égoutté
3. c. à soupe de pâte de curry rouge thaïlandais
2 c. à soupe d'huile de soja
125 g (2 tasses) de germes de soja
100 g (3 ¹/₂ oz) de pois mange-tout
1 petite carotte pelée
2 concombres anglais
60 g (2 oz) de jeunes épinards
1 c. à soupe de coriandre fraîche hachée
1 c. à soupe de menthe hachée

Vinaigrette : Mettre tous les ingrédients dans un pot hermétique et bien brasser. Réserver.

Tofu mariné : Couper le tofu en cubes de 2 cm (³/₄ de po). Dans un bol moyen, mélanger délicatement le tofu, la pâte de curry et l'huile. Laisser reposer 30 minutes.

Faire cuire les germes de soja et les pois mange-tout dans de l'eau bouillante salée 2 minutes. Les égoutter puis rincer sous l'eau froide. Égoutter de nouveau et assécher sur de l'essuie-tout. À l'aide d'un économe ou d'une mandoline, couper la carotte et les concombres en longues bandes minces, en jetant les graines de concombre. Dans une poêle à frire moyenne, faire dorer le tofu mariné 2-3 minutes. Disposer les germes de soja, les pois mange-tout, le concombre, la carotte, les épinards et le tofu dans les assiettes. Arroser de vinaigrette, garnir de coriandre et de menthe hachées et servir.

Pour 4 à 6 convives

SALADE DE NOUILLES AU CITRON ET AUX HERBES

Vinaigrette :
60 ml (¼ de tasse) de jus de citron
1 c. à soupe d'huile de soja
1 c. à soupe de sauce soja
2 c. à thé de zeste de citron râpé
2 oignons verts, le vert seulement, émincé
1 piment rouge moyen, épépiné et finement haché (facultatif)

1 c. à soupe d'huile de soja
125 g (4 oz) de tofu ferme coupé en bandes de 2 x 2,5 cm
(¾ x 1 po)
60 g (1 tasse) de germes de soja
125 g (4 oz) de nouilles sèches soba
60 g (1 tasse) d'épinards frais hachés
40 g (1 tasse) d'herbes fraîches finement hachées : persil,
ciboulette, origan, basilic
185 g (1 tasse) de céleri finement haché
1 concombre anglais non pelé, épépiné et coupé en petits dés

Vinaigrette : Dans un petit bol, mélanger et battre tous les ingrédients. Réserver.

Dans une grande poêle à frire, faire chauffer l'huile à feu modéré et y faire frire le tofu, 2 minutes de chaque côté. Faire cuire les germes de soja en eau bouillante salée 2 minutes. Retirer les fèves de l'eau à l'aide d'une écumoire et les rincer à l'eau froide puis les égoutter. Ramener l'eau à ébullition et y mettre les nouilles. Ajouter 60 ml (¼ de tasse) d'eau et ramener à ébullition. Ajouter de nouveau 60 ml (¼ de tasse) d'eau et ramener à ébullition. Cuire les nouilles *al dente*, 8-10 minutes. Égoutter les nouilles, leur ajouter le reste des ingrédients et la vinaigrette, bien mêler et servir.

Pour 4 convives

SALADE DE FÈVES DE SOJA FRAÎCHES ET DE FENOUIL

2 c. à soupe d'huile de soja
¼ de tasse d'échalotes grises émincées
1 paquet de petites asperges, parées
1 bulbe de fenouil, paré et finement tranché
220 g (1 tasse) de fèves de soja fraîches ou surgelées
90 ml (⅓ de tasse) de bouillon de légumes ou de poulet
1 c. à soupe de mirin
2 c. à thé de sauce soja japonaise
1 gousse d'ail finement hachée
⅛ de c. à thé de sucre
Sel et poivre blanc au goût
2 c. à thé de chacune des herbes suivantes hachées : persil,
basilic et ciboulette
1 c. à thé d'huile de graines de moutarde, de noix de
grenoble ou de macadamia

Dans une grande poêle à frire, faire chauffer l'huile à feu modéré puis y faire revenir les échalotes. Ajouter les asperges et le fenouil et cuire 3-4 minutes. Ajouter les fèves de soja, le bouillon, le mirin, la sauce soja, l'ail, le sucre, le sel et le poivre et cuire 2 minutes de plus. Ajouter les herbes et bien mêler le tout. Arroser la salade d'huile et servir aussitôt.

Pour 4 convives

Truc : Pour un repas complet, servir la salade avec du poisson poché ou grillé ou ajouter des calmars grillés et tranchés à la salade.

Salade de nouilles au citron et aux herbes

SALADE CÉSAR AUX PÂTES ET AU TOFU

Croûtons à l'ail :

2 tranches de pain au soja et au lin
2 c. à soupe de margarine de soja
1 gousse d'ail finement hachée

Vinaigrette :

180 g (6 oz) de tofu velouté ou frais, égoutté et pressé
(voir p. 24)
3 c. à soupe d'huile de soja
2 c. à soupe de vinaigre blanc
2 c. à thé de moutarde de Dijon
3 oignons verts finement hachés
1 gousse d'ail finement hachée
1/4 de c. à thé de sel
Poivre au goût

Salade :

125 g (4 oz) de pâtes de soja spiralées
1 c. à thé d'huile de soja
1 tête de romaine, lavée, asséchée et cassée à la main
8 filets d'anchois, égouttés et hachés
4 œufs cuits dur, coupés en quartiers
60 g (1/2 tasse) de parmesan râpé

Croûtons : Préchauffer le four à 180 °C (350 °F). Dans un petit bol, mélanger la margarine de soja et l'ail et en beurrer légèrement les deux côtés des tranches de pain. Couper les tranches en cubes de 2 cm (3/4 de po). Étendre les croûtons sur une plaque de cuisson et les cuire 10-15 minutes, jusqu'à ce qu'ils soient dorés et croquants. Les retirer du four et réserver.

Vinaigrette : Dans un robot de cuisine, réduire le tofu en purée lisse. Ajouter les autres ingrédients indiqués et réduire en purée. Réserver.

Dans une grande casserole d'eau bouillante salée, faire cuire les pâtes *al dente*, 8-10 minutes. Égoutter les pâtes, les passer à l'eau froide et égoutter de nouveau. Dans un grand bol à salade, mélanger les pâtes et l'huile. Ajouter la romaine, les anchois, les œufs et la moitié du parmesan. Arroser de vinaigrette et bien mélanger. Ajouter les croûtons et servir la salade saupoudrée du reste du parmesan.

Pour 4 convives

SALADE DE RIZ SAUVAGE ET DE NOIX DE MACADAMIA À L'AIL ET AU CITRON

Vinaigrette :
125 ml (½ tasse) d'huile de soja
2 c. à soupe de jus de citron
1 c. à thé de sauce soja légère
1 gousse d'ail finement hachée
¼ de c. à thé de sucre
½ c. à thé de poivre
Une pincée de sel

280 g (1 ½ tasse) de gruau de soja
100 g (⅔ de tasse) de riz sauvage
1 litre (4 tasses) d'eau
60 g (1 tasse) de germes de soja
2 poivrons rouges moyens
5 mini courgettes jaunes (pour un total de
200 g/6 ½ oz), coupées en quartiers
4 oignons verts hachés
1 c. à soupe de persil finement haché
1 c. à soupe d'aneth finement haché
100 g (⅔ de tasse) de noix de macadamia
grossièrement hachées

Vinaigrette : Mettre tous les ingrédients dans un pot hermétique et bien brasser. Réserver.

Placer le gruau de soja dans un bol pyrex et le couvrir d'eau bouillante. Laisser reposer 15 minutes. Égoutter et assécher le gruau sur de l'essuie-tout.

Dans une casserole moyenne, amener l'eau à ébullition et y mettre le riz. Ramener l'eau à ébullition, réduire le feu et mijoter le riz à découvert, 35 minutes, jusqu'à ce qu'il soit tendre. Égoutter le riz, le rincer à l'eau froide et l'égoutter de nouveau.

Préchauffer le gril du four.

Couper les poivrons en quartiers, en enlever les graines et les membranes blanches puis les passer sous le gril jusqu'à ce que les peaux se fendent en noircissant, 5-8 minutes environ. Placer les poivrons dans un sac de papier et laisser refroidir. Peler ensuite les poivrons et les couper en lanières.

Amener une casserole moyenne remplie d'eau à ébullition. Y mettre les courgettes et les germes de soja et mijoter, à découvert, 2-3 minutes. Égoutter les légumes, les passer sous l'eau froide puis les égoutter de nouveau.

Dans un grand bol, mélanger le gruau, le riz, les germes de soja, les poivrons, les courgettes, les oignons, les herbes et les noix (en gardant un peu de ces dernières pour la garniture). Arroser la salade de vinaigrette et servir.

Variantes :
- Pour un plat plus consistant, ajouter du poulet fumé haché ou des calmars grillés à la salade.
- On peut aussi se servir de cette salade comme garniture dans du pain pita, des sandwiches, etc.

Desserts

MOUSSE AUX FRAMBOISES

200 g (6 1/2 oz) de framboises fraîches ou surgelées
200 g (6 1/2 oz) de tofu ferme, velouté ferme ou frais, égoutté
200 ml (4/5 de tasse) de lait de soja
60 g (1/4 de tasse) de sucre
3 c. à thé de jus de citron
2 c. à thé de poudre (ou 1 sachet) de gélatine sans saveur
100 g (3 1/2 oz) de framboises ou myrtilles (bleuets) fraîches ou dégelées pour garnir
1-2 c. à soupe de sucre glace tamisé (facultatif)

Dans le robot, réduire les framboises et le tofu en purée bien lisse. Verser dans un bol moyen et réserver. Dans une petite casserole, mélanger le lait, le sucre et la gélatine et faire chauffer, sans cesser de remuer, jusqu'à dissolution complète. Retirer du feu et laisser refroidir 5 minutes, pas plus. Ajouter la gélatine et le jus de citron à la purée et bien mélanger le tout. Verser le mélange dans 4 petits ramequins (d'une capacité de 150 ml/2/3 de tasse) légèrement huilés ou des verres décoratifs et faire prendre au réfrigérateur, 1 heure environ. Garnir de framboises et de sucre glace avant de servir.

Pour 4 convives

Variante : On peut remplacer 3 c. à soupe de lait de soja par la même quantité de porto.

WONTONS DE FRUITS

Envelopper une tranche de fruit frais (pomme, poire, ananas) dans une feuille de yuba reconstituée (voir p. 25) ou une petite feuille de riz. Sceller les wontons avec du blanc d'œuf et les faire frire et dorer dans de l'huile de canola chauffée à 185 °C (365 °F), 2 minutes environ.

Servir aussitôt avec du tofu réduit en purée et parfumé à la noix de coco ou à l'essence d'amande ou simplement saupoudré de sucre glace.

FIGUES AU MISO À LA CRÈME AU TOFU

8 figues fraîches
2 c. à thé de miso blanc
4 prunes umeboshi dénoyautées ou 3 c. à thé de pâte de prunes
1 1/2 c. à soupe de mirin ou de vin blanc doux

Crème de tofu :
200 g (6 1/2 oz) de tofu velouté, égoutté
2 c. à soupe de sirop d'érable
1 c. à thé d'essence de vanille
1 c. à soupe de jus de citron
Une pincée de sel

Dans un petit bol, bien mélanger le miso, les prunes et le mirin. Couper les figues en deux sur le long et les couvrir de ce mélange. Placer les figues sur une petite plaque de cuisson et les passer sous le gril jusqu'à ce qu'elles commencent à bouillonner. Servir les figues avec la crème au tofu.

Pour la crème : Au robot, combiner tous les ingrédients et réduire en purée lisse. Réserver.

Pour 4 convives

Mousse aux framboises

GÂTEAU AUX BANANES ET AU GINGEMBRE

125 g (¹/₂ tasse) de beurre de soja (température ambiante)
250 g (1 tasse) de sucre
1 c. à thé d'essence de vanille
2 œufs
2 bananes moyennes réduites en purée
60 g (¹/₃ de tasse) de gingembre glacé finement haché
150 g (1 tasse) de farine enrichie de levure
75 g (¹/₂ tasse) de farine de soja
1 c. à thé de levure chimique (poudre à pâte)
1 c. à thé de cannelle moulue
60 ml (¹/₄ de tasse) de lait de soja
45 g (¹/₄ de tasse) de gruau de soja, imbibé d'eau puis grillé
(voir plus loin) (ou noix grillées hachées)

Glaçage au citron et au fromage à la crème :
125 g (4 oz) de fromage à la crème de soja
1 c. à thé de miel
1 c. à thé de jus de citron
3 c. à soupe de sucre glace tamisé
1 c. à thé de zeste de citron râpé

Préchauffer le four à 170 °C (325 °F). Graisser légèrement un moule à gâteau rond de 18 cm (7 po) de diamètre puis en couvrir le fond de papier parchemin.

Dans un grand bol, battre et faire mousser le beurre, le sucre et la vanille. Incorporer les œufs un à un. Ajouter la purée de bananes puis le gingembre. Dans un autre bol, tamiser les deux farines avec la levure et la cannelle puis incorporer la moitié de ce mélange au premier. Incorporer ensuite le lait de soja et le reste de la farine. Verser la pâte dans le moule et cuire 1 heure ou jusqu'à ce qu'un cure-dents planté au centre du gâteau en ressorte bien propre. Retirer le gâteau du four et le laisser refroidir complètement dans le moule.

Glaçage : Mélanger tous les ingrédients indiqués dans un petit bol et bien battre. Couvrir le dessus et les côtés du gâteau de glaçage puis garnir de gruau ou de noix.

Note : Gruau grillé : Faire tremper le gruau dans de l'eau 15 minutes. Égoutter puis assécher. Étendre le gruau sur une plaque de cuisson puis le faire griller dans un four préchauffé à 180 °C (350 °F), 10 minutes environ. On peut préparer le gruau d'avance et le conserver dans un contenant hermétique au frais 1 semaine.

POIRES AU MISO AU FOUR

4 poires moyennes (avec la pelure)
30 g (¹/₄ de tasse) de pacanes hachées
185 g (1 tasse) de dattes finement hachées
4 c. à thé rases de miso blanc
1 c. à thé de cassonade bien tassée
¹/₄ de c. à thé de zeste de citron râpé
Une pincée de cinq-épices
Huile en aérosol pour friture

Enlever le cœur des poires et réserver le dessus (avec la queue) à l'aide d'un vide pommes. Dans un petit bol, mélanger les pacanes, les dattes, le miso, le sucre, le zeste de citron et le cinq-épices. Emplir les poires de ce mélange et les couvrir avec le dessus des poires préalablement réservés. Enduire un plat pyrex d'huile, y placer les poires et les cuire à 180 °C (350 °F), 20-25 minutes (celles-ci doivent rester croquantes). Servir chaud ou froid avec de la Cossetarde à la vanille (voir p. 99).

Gâteau aux bananes et au gingembre

TARTELETTES À LA CRÈME AU CITRON

Croûte :
45 g (¹/₂ tasse) de flocons d'avoine roulé
125 g (³/₄ de tasse) (et plus) de farine tamisée
30 g (¹/₄ de tasse) de farine de soja
30 g (¹/₄ de tasse) de flocons de noix de coco séchée
1 c. à thé de cannelle moulue
¹/₄ de c. à thé de sel
60 ml (¹/₄ de tasse) d'huile de soja
60 g (2 oz) de tofu velouté ferme ou frais, égoutté et
réduit en purée
2 c. à soupe d'eau

Garniture :
375 g (12 oz) de tofu velouté ferme ou frais, égoutté
4 c. à thé de zeste de citron râpé
2 c. à thé de sauce soja japonaise légère
60 g (¹/₄ de tasse) de sucre
125 ml (¹/₂ tasse) de jus de citron
3 c. à thé de poudre (ou 1 ¹/₂ sachet) de gélatine sans saveur
90 g (3 oz) de chocolat noir ou de soja

Croûte : Préchauffer le four à 180 °C (350 °F). Dans un grand bol, mélanger les flocons d'avoine, les farines, la noix de coco, la cannelle et le sel. Dans un petit bol, bien mélanger l'huile, le tofu et l'eau. Incorporer le mélange de tofu aux ingrédients secs et en faire une pâte, en ajoutant de l'eau si nécessaire. Sur une planche légèrement enfarinée, rouler la pâte à 1/8 de po (3 mm) d'épais. Couper la pâte en rondelles de 10 cm (4 po) de diamètre et placer celles-ci au fond de moules à muffin ou à tartelettes légèrement graissés. Cuire au four 15 minutes.

Retirer du four et laisser refroidir (les croûtes peuvent être préparées d'avance et gardées 5 jours au frais dans un contenant hermétique).

Garniture : Dans le robot, réduire en purée lisse le zeste, la sauce soja et le tofu. Dans une petite casserole, mélanger le jus de citron, le sucre et la gélatine et mijoter à feu doux, sans cesser de remuer, jusqu'à dissolution complète. Laisser refroidir le mélange 5 minutes. Incorporer la gélatine au premier mélange, verser le tout dans les croûtes et mettre au froid 30 minutes.

Faire fondre le chocolat à feu doux dans un bain-marie (ou au micro-ondes). Garnir les tartelettes de chocolat et servir.

Donne 12 tartelettes

CRÈME AUX FRUITS VITE FAITE

300 g (10 oz) de fraises, framboises ou bleuets surgelés
300 g (10 oz) de tofu velouté, égoutté
1-2 c. à soupe de sirop d'érable
Tranches de fruits frais ou petits fruits pour garnir

Laisser reposer les fruits à la température ambiante 10 minutes. Dans le robot, réduire en purée lisse les fruits, le tofu et le sirop d'érable. Verser dans des verres ou des bols décoratifs et servir aussitôt avec les fruits frais ou des biscuits fins.

Pour 4 convives

Variante : Dans de grands verres, alterner des rangs de crème et des rangs de fruits frais ou des tranches de gâteau de Savoie (gâteau-éponge).

Tartelettes à la crème au citron

POUDING AUX POMMES ET AU GINGEMBRE

180 ml (³/4 de tasse) de lait de soja
400 g (1 ³/4 tasse) de cassonade bien tassée
2 œufs légèrement battus
240 g (1 ¹/2 tasse) de farine
30 g (¹/4 de tasse) de farine de soja
1 c. à thé de bicarbonate de soude
2 c. à thé de cannelle moulue
1 c. à thé de gingembre moulu
3/4 de c. à thé de sel
90 g (¹/2 tasse) de gingembre glacé finement haché
3 pommes non pelées, parées et râpées

Préchauffer le four à 180 °C (350 °F). Dans un grand bol, bien mélanger le lait de soja, la cassonade et les œufs. Dans un bol moyen, tamiser les farines avec le bicarbonate, les épices et le sel.

Incorporer les ingrédients secs au premier mélange puis y incorporer le gingembre et les pommes. Verser le mélange dans 8 tasses à thé ou des plats à soufflé d'une capacité de 250 ml (1 tasse) chacun. Placer les contenants dans un grand plat pyrex et remplir celui-ci d'eau à moitié. Cuire au four 30 minutes. Retirer les contenants du plat et les remettre au four sur une plaque de cuisson et les cuire 15-20 minutes jusqu'à ce qu'un cure-dents planté au centre du pouding en ressorte bien propre. Servir chaud ou froid avec de la Cossetarde à la vanille (voir p. 99).

Pour 8 convives

Variante : Couvrir les poudings de pellicule plastique et les cuire à feu doux à la vapeur et à l'étouffée dans un couscoussier, 45-50 minutes.

CRÈME GLACÉE À LA MANGUE ET À LA NOIX DE COCO

250 ml (1 tasse) d'eau
250 g (1 tasse) de sucre
300 g (10 oz) de tofu aromatisé à la noix de coco, égoutté
250 g (1 ¹/4 tasse) de mangue coupée en dés
1 c. à soupe de noix de coco râpée, grillée (voir note)
1 c. à soupe d'amandes tranchées, grillées (voir note)

Dans une casserole moyenne, mélanger le sucre et l'eau et amener à ébullition. Faire dissoudre le sucre puis mijoter le sirop 7 minutes. Retirer du feu et laisser refroidir à la température ambiante.

Dans le robot, réduire en purée lisse le tofu et la mangue. Le robot toujours en marche, incorporer peu à peu le sirop. Verser le tout dans un contenant hermétique et mettre 2 heures au congélateur. Retirer du congélateur et battre le mélange à la fourchette. Remettre 2 heures au congélateur. Répéter l'opération. Couper la crème glacée en tranches et garnir celles-ci avec la noix de coco et les amandes grillées.

Pour 4 à 6 convives

Note : Pour rôtir la noix de coco et les amandes, les faire sauter séparément à feu modéré dans une petite poêle à frire, en les remuant constamment.

Variante : À l'aide d'une petite cuiller à melon ou à glace, façonner la crème glacée en petites boules et les servir saupoudrées de chocolat de soja râpé.

CRÊPES AU TOFU ET AUX POMMES AU FROMAGE À LA CRÈME À LA CANNELLE

4 pommes vertes (Granny Smith) non pelées et parées
60 g (¹/4 de tasse) de margarine de soja
90 ml (¹/4 de tasse) de miel
¹/2 c. à thé de cannelle moulue

Crêpes au tofu :
60 g (2 oz) de tofu velouté, égoutté et réduit en purée
250 ml (1 tasse) de lait de soja
60 ml (¹/4 de tasse) d'eau
125 g (³/4 de tasse) de farine enrichie de levure
30 g (¹/4 de tasse) de farine de soja
¹/4 de c. à thé de sel
Huile végétale en aérosol

Fromage à la crème à la cannelle :
125 g (4 oz) de fromage à la crème de soja
1 c. à thé de jus de citron
¹/4 de c. à thé de cannelle moulue
4 c. à thé de sucre glace tamisé
1 c. à thé de miso blanc (shiro)

Fromage à la crème : Dans un petit bol, bien mélanger tous les ingrédients.

Couper les pommes en tranches horizontales de 5 mm (¹/4 de po) d'épais. Dans une grande poêle à frire, faire fondre la margarine à feu modéré-doux. Y mettre le miel, la cannelle et les pommes et les faire revenir 10-15 minutes en retournant les tranches à quelques reprises.

Crêpes : Dans un grand bol, mélanger la purée de tofu, le lait et l'eau. Dans un petit bol, mélanger les farines et le sel et les tamiser. Y incorporer le premier mélange. Enduire d'huile une grande poêle à frire puis la chauffer à feu modéré. Verser 2 c. à soupe de pâte pour chacune des crêpes et faire dorer celles-ci 2 minutes de chaque côté. Placer les crêpes à four doux à mesure. Alterner les rangs de crêpes et de pommes dans les assiettes et servir avec le fromage à la crème à la cannelle.

Pour 4 convives

Variante : Remplacer le fromage à la crème par du yogourt à la vanille ou de la Cossetarde à la vanille (voir ci-bas).

COSSETARDE À LA VANILLE

300 ml (1 ¹/4 tasse) de lait de soja entier
1 gousse de vanille entière coupée sur le long et grattée
2 c. à thé de fécule de maïs
¹/4 de c. à thé de muscade râpée
1 c. à soupe de cassonade bien tassée
1 c. à thé d'essence de vanille

Dans une casserole moyenne, en les brassant constamment, faire épaissir tous les ingrédients mélangés à feu modéré, 5 minutes environ. Retirer la gousse de vanille avant de servir. Servir cette cossetarde avec le Pouding aux pommes et au gingembre (voir p. 98) et des fruits frais ou des crêpes.

Breuvages

PETITE DOUCEUR AUX BANANES ET AUX FRUITS DE LA PASSION

2 petites bananes mûres hachées
500 ml (2 tasses) de lait de soja
4 c. à thé de miel
2 c. à thé d'essence de vanille
2 fruits de la passion (la pulpe de)
1/4 de c. à thé de cannelle moulue

Dans le robot ou au mélangeur, mélanger les bananes, le lait de soja, le miel et la vanille. Incorporer la pulpe des fruits de la passion et servir saupoudré de cannelle.

Donne environ 625 ml (2 1/2 tasses) de breuvage

PETITE DOUCEUR À L'ANANAS ET AU CANTALOUP

250 g (1 1/3 tasse) de chair de cantaloup hachée
250 ml (1 tasse) de lait de soja faible en gras
1 c. à soupe de sirop d'érable
90 g (1/2 tasse) de chair d'ananas frais hachée
1 c. à thé de jus de citron
1 c. à thé de menthe fraîche hachée (ou en feuilles)
pour garnir

Dans le robot, réduire en purée lisse le cantaloup et l'ananas pendant 2 minutes. Ajouter le lait de soja et le sirop d'érable et mêler de nouveau. Servir avec la menthe hachée ou en feuilles.

Donne 625 ml (2 1/2 tasses) de breuvage

Petite douceur aux bananes et aux fruits de la passion

CHOCOLAT FRAPPÉ

1 c. à soupe de poudre de cacao non sucré
250 ml (1 tasse) de lait de soja
60 g (1/4 de tasse) de yogourt de soja à la vanille
1 c. à thé de miel ou de sucre (au goût)
1 c. à thé de poudre de germes de soja

Dans un verre, bien délayer le cacao dans un peu de lait puis ajouter le reste du lait. Ajouter le reste des ingrédients puis servir frappé.

Donne 350 ml (1 1/3 tasse) de breuvage

Variante : Ajouter 60 ml (1/3 de tasse) de café fort frais fait ou 1 c. à thé de café instantané au mélange.

JUS DE TOMATE PIQUANT

850 ml (3 1/2 tasses) environ de jus de tomate
3 c. à soupe de jus de citron
1 c. à soupe de sauce teriyaki
Quelques gouttes de sauce Tabasco
Quelques bandes fines de zeste de citron
Feuilles de menthe pour garnir

Dans un grand pot de verre, bien mélanger le jus de tomate, le jus de citron, les sauces teriyaki et Tabasco. Servir froid avec le zeste de citron et la menthe.

Donne environ 900 ml (3 2/3 tasses) de breuvage

MOKA CHAUD À LA GUIMAUVE

1 c. à soupe de poudre de cacao non sucré
1 c. à thé de farine de soja
250 ml (1 tasse) de lait de soja
1 c. à thé de granules de café instantané
(ou 60 ml/1/4 de tasse de café fort, froid)
1 1/2 c. à thé de miel
2 guimauves
Une pincée de cannelle ou de poudre de cacao

Dans une tasse, délayer le cacao dans 2 c. à soupe de lait. Dans une petite casserole, mélanger le reste du lait, le café et le miel et faire chauffer à feu modéré. Incorporer le premier mélange et mijoter 2-3 minutes, en brassant à quelques reprises. Ne pas laisser bouillir.

Verser le mélange dans une tasse et garnir de guimauves et d'une pincée de cannelle ou de chocolat.

Donne environ 250 ml (1 tasse) de breuvage

Chocolat frappé

PETITE DOUCEUR AUX FRUITS DES CHAMPS

250 g (2 tasses) de fraises équeutées ou de framboises
200 g (6 ¹/₂ oz) de yogourt de soja aux petits fruits
125 ml (¹/₂ tasse) de lait de soja
2 c. à thé de miel

Dans le robot ou au mélangeur, réduire en purée lisse tous les ingrédients.

Donne 500 ml (2 tasses) de breuvage

Variante : On peut remplacer les fraises/framboises par des bleuets.

MILK-SHAKE AUX FRAISES ET AU MIEL

200 g (6 ¹/₂ oz) de tofu velouté, égoutté
250 g (2 tasses) de fraises lavées et équeutées
2 bananes moyennes hachées
375 ml (1 ¹/₂ tasse) de lait de soja
2 c. à thé de miel

Dans le robot, réduire en purée le tofu et les fruits 2 minutes. Ajouter le lait de soja et le miel et bien battre le tout.

Donne environ 625 ml (2 ¹/₂ tasses) de breuvage

GLACES AUX FRUITS

235 g (1 tasse) de purée fraîche d'ananas, de pêches,
de fraises ou de bananes
125 ml (¹/₂ tasse) de lait de soja
1 c. à soupe de miel ou de sirop d'érable

Réduire tous les ingrédients en purée lisse au robot de cuisine. Congeler la purée dans des moules à glaçon 2 heures au moins en y insérant les bâtons quand le mélange est partiellement gelé.

Donne 6 glaces

Variante : Pour rendre les glaces plus crémeuses, ajouter 60 g (¹/₄ de tasse) de yogourt de soja nature ou aromatisé au mélange.

Truc : La plupart des breuvages au soja peuvent être congelés puis laissés quelques minutes à la température ambiante avant d'être servis comme glaces ou comme desserts.

Petite douceur aux fruits des champs

Glossaire

Chao xing (vin jaune) : Vin de riz chinois pour la cuisson. On peut le remplacer par du sherry sec ou doux, du mirin ou du saké à cuire.

Chou chinois : Plus doux au goût que le chou vert régulier. Pour rester croquant, le chou chinois doit être peu cuit. On peut aussi utiliser ses feuilles entières pour envelopper divers aliments.

Cinq-épices : Mélange d'épices chinois composé de parties égales de poivre de Sichouan, badiane (anis étoilé), fenouil, clou de girofle et cannelle. Facilement disponible.

Citronnelle : Plante à tiges à saveur de citron très utilisées dans les cuisines asiatiques. On ne se sert généralement que de la partie blanche de la tige qui doit être pelée avant utilisation. La citronnelle doit être finement hachée et légèrement broyée pour donner toute sa fine saveur.

Citrons confits : Très utilisés en cuisine marocaine, ces citrons sont confits un mois dans du sel et du jus de citron. On ne se sert le plus souvent que de l'écorce des citrons.

Dashi : Bouillon de poisson japonais composé de flocons séchés de bonito (petit thon) (katsuobushi) et d'algue konbu. Se vend sous forme de liquide concentré, de poudre ou de granules séchés dans les épiceries orientales. Doit être dissous dans l'eau avant usage. On peut le remplacer par d'autres bouillons (légumes, poulet...).

Feuilles de riz : On se sert de ces feuilles sans saveur et transparentes pour envelopper certains aliments. Elles se mangent telles quelles ou frites. On peut en trouver sous des formes diverses (rondes, carrées, grandes ou petites) dans les épiceries orientales ou les supermarchés.

Gingembre glacé : Gingembre coupé en dés et cuit dans un sirop de sucre. Facilement disponible.

Gingembre mariné rose ou rouge : Gingembre frais émincé ou râpé puis mariné dans du vinaigre doux. Le gingembre rouge (gai) est un peu plus salé que le rose (beni shoga). Les deux gingembres sont disponibles en pots ou en sachets dans les épiceries orientales et sont souvent servis avec les sushis et le sashimi (thon).

Jicama : Légume croquant au goût légèrement sucré et qui doit être pelé avant d'être frit. Disponible dans les épiceries orientales. On peut le remplacer par des châtaignes d'eau.

Lait et crème de coco : Obtenus à partir de la chair râpée de la noix de coco (et non du « lait » contenu dans la noix). La crème, plus épaisse, donne plus de goût aux plats que le lait. Disponibles en boîtes.

Lime de Kafir : Les feuilles doubles parfumées et les fruits de cet arbre asiatique sont de plus en plus disponibles dans les épiceries orientales. On peut aussi en trouver surgelés mais ils ont alors moins de saveur que les produits frais.

Lotus (voir Racine de)

Massaman (voir Pâte de curry)

Mirin : Vin de riz doux japonais utilisé en cuisine. On peut le remplacer par du sherry doux.

Palme (voir Sucre)

Pâte de curry Massaman : Pâte de curry aux parfums de cannelle, muscade et clou de girofle, moins brûlante que les pâtes de curry rouge et vert thaïlandais.

Pâte de curry Tikka masala : Pâte de curry douce. On peut la remplacer par d'autres pâtes de curry.

Pâte de curry vert thaïlandais : Pâte de curry brûlante. On peut la remplacer par de la pâte de curry rouge.

Piments : En règle générale, plus les piments sont petits, plus ils sont forts. On peut en adoucir le goût en enlevant les graines et la membrane blanche avant de les incorporer aux plats. On peut les remplacer par des flocons ou de la poudre de piment.

Racine de lotus : Légume-racine croquant qui peut être farci ou tranché et frit. Les racines de lotus se vendent surgelées, en boîte ou fraîches dans les épiceries orientales. Les racines fraîches doivent être grattées puis aussitôt mises dans de l'eau vinaigrée ou citronnée (pour en empêcher la décoloration). On peut les remplacer par des châtaignes d'eau ou des jicamas.

Saké: Vin de riz sec japonais pour la cuisson (différent du vin à boire). On peut le remplacer par du sherry sec ou du vin à cuire chinois.

Sauce au piment douce: Cette sauce s'utilise comme trempette ou en mélange avec la sauce soja, la sauce aux prunes ou le ketjap manis. Certaines marques contiennent de l'ail ou du gingembre. On peut la remplacer par une sauce plus forte et moins sucrée.

Sauce au poisson: Aussi connue sous les noms de nam pla, nuoc nam et patis, cette sauce salée au goût très particulier est faite à partir de crevettes ou de poissons fermentés. Comme la sauce soja, elle s'utilise pour relever et équilibrer la saveur des plats. Certaines marques sont plus salées que d'autres et doivent donc être utilisées avec discernement.

Shichimi (Sept-épices): Aussi connu sous le nom de shichimi togarashi, ce condiment poivré japonais contient des flocons de piment rouge (togarashi), de graines de sésame blanches, des flocons d'algues nori, du sansho (fruits de frêne épineux japonais), des graines de pavot blanc, des graines de chanvre noir et de l'écorce séchée de mandarine. Disponible en petits pots dans les épiceries orientales.

Shiitake (champignons): Aussi connus sous le nom de champignons noirs chinois. On en trouve frais ou séchés dans les épiceries spécialisées. Les champignons séchés ont une saveur plus forte que les frais et doivent être trempés 20 minutes en eau tiède et équeutés avant d'être utilisés.

Sucre de palme: Très populaire dans les cuisines orientales, il s'agit de la sève d'un palmier qui, une fois traitée, donne un sucre humide. Plus le sucre est foncé, plus il a une saveur de caramel. On peut le remplacer par de la cassonade. Disponible en blocs ou en pots. Il faut gratter légèrement la surface des blocs avec un couteau pour en obtenir la quantité voulue. Les pots doivent toujours rester hermétiquement fermés.

Tahini (Pâte de sésame): Pâte onctueuse de graines de sésame moulues. Certaines marques sont plus épaisses que d'autres et on peut alors ajouter un peu d'eau au tahini. Disponible partout.

Tamarins (pulpe de): Disponibles sous forme de poudre, de pâte ou de pulpe, ces populaires fruits asiatiques donnent une saveur aigre aux plats. La pulpe doit être mise à tremper en eau chaude durant 15 minutes. On la place ensuite dans un tamis à mailles fines, on la presse pour en extraire le jus, après quoi on jette la pulpe. La pâte et la poudre doivent être délayées dans l'eau. Comme il s'agit d'un condiment très salé, il faut l'utiliser avec discernement.

Tikka masala (voir Pâte de curry)

Umeboshi (prunes): Prunes japonaises marinées au goût acide et salé. Elles sont disponibles sous forme de fruits entiers ou en purée (pâte umeboshi) dans certaines épiceries orientales.

Vermicelles: Nouilles de farine de riz très minces. Disponibles dans les épiceries orientales et dans certains supermarchés.

Vinaigre de riz: Vinaigre doux utilisé pour la préparation des sushis. On peut le remplacer par du vinaigre de cidre distillé (en diluant ce dernier pour en atténuer la saveur).

Wasabi: Raifort vert japonais au goût brûlant qu'on sert traditionnellement avec les sushis et le sashimi (thon). Disponible en tubes prêts à utiliser ou en poudre à délayer dans un peu d'eau. On en trouve parfois du frais; ce dernier doit être pelé et finement râpé dans un mouvement circulaire.

Index